DENN SIE WERDEN BARMHERZIGKEIT ERLANGEN. WERDEN GOTTES KINDER HEISSEN
RZENS SIND; DENN SIE WERDEN GOTT SCHAUEN. SELIG SIND DIE FRIEDFERTIGEN; D
RDEN; DENN IHRER IST DAS HIMMELREICH. SELIG SEID IHR, WENN EUCH DIE MENSC

EIEN MENSCHEN! / SCHWERTER ZU PFLUGSCHAREN! / WIR SIND DAS VOLK! / KEINE
VOLK! / KEINE GEWALT! / OFFEN FÜR ALLE! / FÜR EIN OFFENES LAND MIT FREIEN M
/ KEINE GEWALT! / OFFEN FÜR ALLE! / FÜR EIN OFFENES LAND MIT FREIEN MENSCH

DIE FRIEDENSGEBETE IN DER LEIPZIGER NIKOLAIKIRCHE

GOTTESDIENST IM ALLTAG DER WELT

Begleitbuch zur Dauerausstellung in der Südkapelle

IMPRESSUM

Ausstellungskonzept
Katja Töpfer

Kuratoren der Ausstellung
Stefan Oehme, Carolin Schweigel

Wissenschaftliche Begleitung der Ausstellung
Dr. habil. Hermann Geyer

Das Buch wurde unterstützt durch den
Verein zur Förderung der Nikolaikirche Leipzig e. V.
und durch die Evangelisch-Lutherische Landeskirche Sachsen.

Herausgeber
Evangelisch-Lutherische Kirchgemeinde
St. Nikolai zu Leipzig

Redaktion
Matthias Hinkel, Stefan Oehme,
Prof. Dr. Andrea Nikolaizig, Prof. Dr. Rainer Vor

Grafische Gestaltung und Satz
Pascal Neyer · Grafikdesign

Druck
Druckhaus Gera GmbH

ISBN 978-3-00-055762-0

Umschlagfoto
Juliane Müller

INHALTSVERZEICHNIS

GRUSSWORT

Innerhalb der 2. Festwoche zum 850-jährigen Kirchenjubiläum von St. Nikolai zu Leipzig, am Donnerstag dem 8. Oktober 2015, konnten wir im Beisein vieler an der Sanierung und Restaurierung Beteiligter die festliche Wiederweihe der Südkapelle begehen. Nach mehr als sechsjähriger Planungs- und Bauzeit, die von intensiver fachlicher Beratung begleitet wurde, ist damit eine große Sanierungslücke geschlossen und eine für Leipzig einmalige Bausubstanz erschlossen worden.

Vor Beginn der Maßnahme diente die Kapelle als Stauraum für Podeste, Stühle, Notenständer und vielerlei Dinge, die eine Kirche mit der ihr eigenen Beanspruchung vorhalten muss. Obwohl die Historie und die beeindruckende Architektur der Südkapelle bekannt war, konnte die Zwischennutzung als Abstellraum während der großen Sanierungsvorhaben im Kirchenschiff ab Mitte der 90er Jahre nicht umgangen werden. Nachdem das Kircheninnere aber in neuem Glanz erstrahlte, führte die Südkapelle weiterhin ein Schattendasein. Diesen Schatz galt es endlich zu heben. Der Kirchenvorstand ahnte vielleicht, welcher langjährigen Herausforderung er sich stellen würde, als er sich gemeinsam mit dem Förderverein von St. Nikolai der Kapelle annahm. Abgesehen davon, welche restauratorischen Befunde zutage kamen, die sich auf die heutige Innengestaltung auswirkten, galt es, den profanen aber wichtigen Fragen nachzugehen, wo und wie die unvermeidlichen Gegenstände untergebracht werden können. Viele Entscheidungen fielen in einem langen Prozess, an dessen Ende ein überzeugendes Ergebnis steht. Dass sich ein Wandschrank, ein großer Ringleuchter und eine Ausstellung über die Friedensgebete so harmonisch in den wiedergewonnenen gotischen Raum einfügen, bestätigt die Geduld und die geballte Kompetenz aller Akteure. Daher sei an dieser Stelle allen gedankt, die sich für das Projekt haben begeistern lassen und die mit Achtung und Respekt vor den frühen Baumeistern sowie mit Ideen und Phantasie heutiger Ansprüche die Südkapelle so gestaltet haben, dass sich die Öffentlichkeit daran erfreuen kann.

Bernhard Stief, Pfarrer

IHESVS CHRISTVS
IST VNSER HERR
DERSELBS GEOPF
FERT AN SEINEM
LEIBE AVF DEM HÖ
LTZ I.PETERS.AM II

GOTT WAR IN
CHRISTO VND VE
RSONET DIE WELT
MIT IM SELBER VND
RECHNET INEN IRE
SVNDE NICHT ZV
CORINTHER IAM V

Teil I | DIE NIKOLAIKIRCHE UND IHRE SÜDKAPELLE

ST. NIKOLAI ZU LEIPZIG – EINE 850-JÄHRIGE GESCHICHTE

Armin Kohnle

Die Nikolaikirche entstand im Verlauf des 12. Jahrhunderts. Das Jahr 1165, das für die Feier des 850. Kirchenjubiläums im Jahr 2015 als Gründungsdatum diente, ist allerdings nur eine gute Schätzung. Als die Kirche 1213 zum ersten Mal urkundlich erwähnt wurde, war sie im Besitz der Augustinerchorherren zu St. Thomas und neben der Thomaskirche die zweite Leipziger Pfarrkirche. Diese Situation, dass das Leipziger Stadtgebiet in die Parochien von St. Thomas und St. Nikolai aufgeteilt war, blieb bis in das 19. Jahrhundert bestehen. Erst das starke Wachstum der Stadtbevölkerung im Zeitalter der Industrialisierung machte seit 1876 die Einrichtung neuer Pfarreien unumgänglich.

Die enge Verbindung der Nikolaikirche mit dem Thomasstift hatte zur Folge, dass die Nikolaipfarrer bis zur Reformation durchweg Kanoniker des Thomasstiftes waren. Namen von Pfarrern sind allerdings erst seit dem 15. Jahrhundert dichter überliefert. Wie jede Pfarrkirche war auch die Nikolaikirche für die religiösen Bedürfnisse der Gemeinde zuständig. In der Pfarrkirche besuchte man die Messe oder die Predigt und empfing die Sakramente. Hier bot sich die Möglichkeit für Messstiftungen, die von einem der Altaristen an einem der zahlreichen Nebenaltäre gelesen wurden. Von der mittelalterlichen Kirchenausstattung und Kunst haben sich nur wenige Reste erhalten. Erhalten geblieben ist die Kanzel von 1521, die im Zuge des Neubaus des Langhauses (1513–1525) in der Kirche aufgestellt wurde. Mit dieser großen Umbaumaßnahme erhielt die Kirche im Wesentlichen die äußere Gestalt, die uns auch heute noch vor Augen steht. Die Südkapelle, die ihre Entstehung vermutlich einer Altarstiftung aus dem letzten Drittel des 15. Jahrhunderts verdankt und künftig als Beichtkapelle genutzt wurde, war vom Neubau des Langhauses nicht betroffen und hat ihren spätmittelalterlichen Raumeindruck bis heute einigermaßen bewahrt.

Für die Geschichte der Nikolaikirche bedeutete die Reformation einen tiefen Einschnitt. Das Kircheninnere wurde in den Jahren nach 1539 stark verändert. Die Nebenaltäre wurden 1540 abgebrochen, die mittelalterliche Ausstattung verschwand. Die Verbindung der Nikolaikirche mit dem Thomasstift endete mit dessen Auflösung zu Beginn der 1540er Jahre. Künftig gab es an St. Nikolai vier fest bestallte Geistliche, wobei der Inhaber der ersten Pfarrstelle im Wechsel mit St.

Thomas zugleich als Superintendent von Leipzig fungierte. In den innerevangelischen Lehrauseinandersetzungen der 2. Hälfte des 16. Jahrhunderts etablierte sich ein bekenntnistreues Luthertum, das den Geist des Gemeindelebens bis weit in das 18. Jahrhundert hinein prägte. 1597 wurde die Nikolaibibliothek eingerichtet, um die Pfarrer in Stand zu versetzen, die Rechtgläubigkeit im konfessionellen Streit zu verteidigen. Unter den Pfarrern dieser Zeit finden sich bedeutende, das mitteldeutsche Luthertum repräsentierende Persönlichkeiten. Die Verbindungen mit der Theologischen Fakultät der Universität Leipzig waren eng, da die Nikolaipfarrer und Superintendenten in der Regel zugleich Professoren der Theologie waren.

Im ausgehenden 17. und 18. Jahrhundert hielt zunehmend der Geist von Pietismus und Aufklärung Einzug in das Gemeindeleben. Die lutherisch-orthodoxe Grundrichtung, die die Publikationen und Predigten der Nikolaigeistlichen seit der Reformationszeit geprägt hatte, verlor sich nach der Mitte des 18. Jahrhunderts immer mehr. Noch war die Einzelbeichte Voraussetzung für den Empfang des Abendmahls. In der Südkapelle erinnern die Schreibmeistertafel von 1672 sowie die aus ehemaligen Beichtstühlen gezimmerten Einbauten an den Ort, an dem die Gemeindeglieder die Beichte ablegten. Gepredigt wurde nicht nur an Sonn-, Feier- und Bußtagen, sondern auch unter der Woche und an Sonnabenden, wofür seit 1606 ein Sonnabendprediger zuständig war. Die Höhepunkte des Gemeindelebens waren die langen Sonntagsgottesdienste, für die die etwa 2500 Sitzplätze, die in der Regel fest vermietet waren, bald nicht mehr ausreichten. Musik spielte für die Liturgie eine wichtige Rolle. Choralisten wirkten bis 1823 in den Gottesdiensten mit, eine Orgel ist bereits im 15. Jahrhundert belegt, und etwa die Hälfte von Johann Sebastian Bachs Leipziger Kirchenmusiken wurden in St. Nikolai uraufgeführt.

Mit der Neugestaltung des Kircheninneren im klassizistischen Stil durch Johann Carl Friedrich Dauthe und Adam Friedrich Oeser am Ende des 18. Jahrhunderts beginnt die eigentliche neuere Geschichte der Nikolaikirche. Unter den Nikolaipfarrern des 19. Jahrhundert finden sich noch immer bedeutende Prediger wie Adolf Harleß, Friedrich Ahlfeld und Oskar Pank, die der Nikolaikirche weit über die Stadtgrenzen Leipzigs hinaus Bekanntheit verschafften. Strukturreformen, mit denen auf den Wandel im gesellschaftlichen Umfeld reagiert wurde, veränderten das Gemeindeleben nachhaltig. 1868 wurde ein Kirchenvorstand eingerichtet, mit dem die Gemeinde als rechtliche Größe ins Leben trat. Das Gemeindeleben differenzierte sich zunehmend aus. Die Selbstorganisation der Gemeinde gewann an Gewicht und führte zu einem vielfältigen Vereinswesen, das auch den Umbruch von 1918 und die nachfolgenden wirtschaftlichen und politischen Krisen überdauerte, allerdings unter immer schwieriger werdenden Bedingungen. Unter der nationalsozialistischen und der kommunistischen Diktatur durchlebte die Gemeinde Jahrzehnte der politisch-ideologischen Anfeindung, des Mangels und des schwindenden Rückhalts in der Bevölkerung. Doch dieses Kapitel der Nikolaigeschichte wird an anderer Stelle genauer beschrieben.

DIE SÜDKAPELLE – RESTAURIERUNG UND SANIERUNG

Ronald Scherzer-Heidenberger, Volker Wiesner

Die Wiederbelebung der 80 Quadratmeter großen Südkapelle der Nikolai-Kirche als Geschichtsraum, Präsentationsraum, Veranstaltungsraum und Depot in einem, war gleichsam eine komplexe Bau- wie Restaurierungsaufgabe – ein Prozess, der 2011 mit der Planung begann und am 21. Dezember 2015 mit der feierlichen Eröffnung der Ausstellung zur Geschichte der Friedensgebete abgeschlossen werden konnte.

Betrat man die Südkapelle 2011, sah man einen weiß gestrichenen Raum mit Kreuzgewölbe, umlaufender hölzerner Lambris[1] und ausgebessertem Eichenparkett, dessen Lagerhölzer entlang der Außenwand aufgrund der dauerhaft aufsteigenden Nässe vollkommen zersetzt waren. Die drei unregelmäßig in den Raum gestellten Röhrenheizkörper gewährleisteten keine angemessene gleichmäßige Temperierung des Raumes. Die Wandleuchten waren für die künftigen Anforderungen an die ausreichende Beleuchtung der Kapelle nicht weiter nutzbar. Die Fenster mit Einscheiben-Bleiverglasung zeigten teilweise erhebliche Schädigungen. Das über Jahre an den Wänden herabfließende Kondenswasser hatte deutliche Spuren hinterlassen. An den Außenwandauflagen der Stahlträger der Kappendecke[2] waren erhebliche Korrosionsschäden entstanden.

Unter den Wand-Farbschichten und hinter der Wandverkleidung vermutete man Zeugnisse aus der rund 650-jährigen Baugeschichte der Südkapelle[3], was die ersten Untersuchungen zur Ermittlung von Fassungsbefunden[4] im Raum bestärkten.

Deshalb wurde die umlaufende hölzerne Wandverkleidung auf drei Seiten und darüberhinaus Wandflächen von 2,50 Meter Höhe aufgedeckt, weil weitere Einzelbefunde und Befunderweiterungen denkbar waren. Es zeigte sich jedoch auch das immense Ausmaß der Ausblühungen, also der Salzablagerungen, durch aufsteigende Nässe am gesamten Außenwandbereich.

Die komplette Sanierung der Südkapelle musste einerseits ihre künftigen Funktionen berücksichtigen und andererseits den bauhistorischen Befunden im Zuge der Restaurierung im denkmalpflegerischen Sinne Rechnung tragen. Sanierung und Restaurierung waren im Planungs- und Ausführungsprozess eng verzahnt. Hand in Hand erarbeiteten Architekt, Restaurator, Denkmalpfleger und Auftraggeber an zielführenden Lösungen. In den nun folgenden Ausführungen werden die in der Realität parallel laufenden Prozesse nicht parallel dargestellt oder vermischt beschrieben, sondern getrennt nach den beiden Aufgabenfeldern Restaurierung und Sanierung.

RESTAURIERUNG

Die bauhistorische und bauarchäologische Zeitreise in chronologischer Reihenfolge berichtet über die historischen Befunde[5] und erzählt gleichsam die Geschichte des Raumes. Der Leser kann an den Entdeckungen der Restaurierung teilhaben.

Die spätromanische Kapelle aus der Mitte des 14. Jahrhunderts

Das Ziegelwerk des für uns heute sichtbaren Raums erhebt sich auf einem Vorgängerbau aus der Mitte des 14. Jahrhunderts. Beim Rückbau der Lambris wurden der circa einen Meter hohe Bundsandsteinsockel und drei runde

Dienste[6] als bauarchäologische Zeugnisse der spätromanischen Zeit sichtbar. Die bei den Fußbodenabgrabungen freigelegten dazugehörigen Basen[7] sind heute durch den Fußbodeneinbau von 2015 wieder verdeckt.

Spätgotische Kapelle um 1470

Die spätgotische Kapelle entsteht vermutlich um 1470 als Altarstiftung[8] und wird bis weit in das 19. Jahrhundert hinein als Beichtkapelle genutzt. Sie wird baulich erhöht und mit einem Rippengewölbe überspannt, dessen Rippen doppelt gekehlt sind. Bei diesen Bauarbeiten, dem sogenannten Aufmauern, bildete man in den Wänden im Ostschluss[9] und in der

Befund spätromanische Basen der Eckdienste nach Fußbodenabgrabung, heute verdeckt durch Fußbodenaufbau

Zwickelmalerei, grüne Ranken mittels UV-Licht nachvollzogen

Südwand Wandnischen zur Ablage von geweihten Büchern oder Gegenständen aus. Eine Wandnische in der Nordwestecke des Raums verweist auf einen früheren Zugang zum Chorraum der Hauptkirche. Heute ist er mit einer glatten Tapetentür geschlossen.

An der Westwand, verdeckt durch einen giebelartigen Vorbau, zeigte sich bei den Restaurierungsarbeiten eine größere spitzbögige Wandöffnung, deren Funktion und Datierung nicht genau zu klären war. Möglicherweise bereits romanischen Ursprungs, könnte es sich um eine Obergaden[10]-Fensteröffnung oder eine Apside[11] handeln, da die breiten Ausmaße ein gewöhnliches Fenster ebenso ausschließen wie es die aus der Fläche herausbuckelnden Steinköpfe tun.

Die ursprüngliche Farbgebung des spätgotischen Raumes mit roten Rippen, Fensterumrahmungen und der Zwickelmalerei[12] konnte unter mehrfachen Anstrichüberdeckungen Farbschicht für Farbschicht manuell freigelegt werden. Der Erhaltungszustand der Zwickelmalereien war sehr unterschiedlich: Einige wurden mit wenigen Retuschen wiederhergestellt, andere mussten unter Nutzung von UV-Licht nachvollzogen werden. Für die spätgotische Fassung der Rippeneinläufe konnte ein Beispiel auf der Mitte der Südwand gefunden und aufgedeckt werden. Dieser Befund wurde entsprechend aufgearbeitet. Die spätgotische Farbigkeit bestimmt nun heute den Raum.

Ausnahmen davon sind Details der Rippeneinläufe in die Wände und die Schluss-

freigelegte Wandmalerei

durch Retusche erkennbare Detailverläufe heute

steine im Gewölbe, die die vielfarbige Dekoration aus dem Jahre 1902 zeigen. Besonders bemerkenswert sind aber die Wandmalereien auf der Südwand und die Weihekreuze auf drei Wänden. Sie wurden entsprechend ihrer Erhaltung nur sparsam aufbereitet und präsentiert, denn besonders bei der Landschaftsmalerei verbot sich eine Interpretation.

Eine ungewöhnliche Besonderheit stellt die doppelte Putzritzung der Weihekreuze dar. Üblicher Weise ritzte man ein Weihkreuz in den frischen Putz und legte es farbig aus. An der Nordwand der Südkapelle sind zwei Weihekreuze zu sehen, eines davon farbig. Bei dem um ein Drittel höher angelegten Kreis wurde keine farbige Ausführung festgestellt. Die Gründe dafür bleiben im Dunkel.

spätgotische Weihekreuze

2. Hälfte des 17. Jahrhunderts

Um 1670/75 verdeckte man vermutlich die spätgotische farbliche Raumgestaltung. Wenngleich man die Wand- und Gewölbefarbigkeit in Weiß wiederholte, strich man die Rippen und Einfassungen ockerfarbig mit schwarzer Fugenmalerei und schwarzen Konturenstrichen. Als besondere Raumdekoration zierten Schriftfelder mit Bibelsprüchen den Ostschluss, die wahrscheinlich als Ersatz für bildhafte Darstellungen reichlich eingeführt wurden. Sie sind mit kräftigen ornamentalen Umrahmungen in Schwarz ummalt.

Aus dieser Zeit stammen ebenfalls die zwei Schreibmeistertafeln (um 1672), kalligrafische Meisterwerke mit goldener Schreibschrift auf schwarzem Grund. Besonders beeindruckend ist die große Schreibmeistertafel von Johann Logau mit Worten aus Psalm 139 in einem kräftigen, vergoldeten Schnitzrahmen[13].

Die Zwischenzeit im 18. Jahrhundert

Für die circa 100 Jahre bis zum Umbau ab 1784 sind keine besonderen Befunde der Neugestaltung im Raum nachzuweisen. Nur die räumliche Farbgebung wurde durch Anstriche in Weiß beziehungsweise Hellgrau erneuert. Die Rippen, Gewände und Fenstereinfassungen wurden Grau gestrichen und mit schwarzen Einfassungs- und Fugenstrichen versehen. Allerdings überstrich man dabei auch die Schriftfelder im Ostschluss.

Klassizistische Neugestaltung der Kirche 1784–1797 durch Johann Carl Friedrich Dauthe (1746–1816)

Im Juni 1784 beauftragte der Rat der Stadt Leipzig den Leipziger Stadtbaudirektor Dauthe[14] mit der umfassenden Neugestaltung der mittelalterlichen Kirche[15]. Die Umbaupläne des Kirchenhauptraums schlossen die Südkapelle auf der Westwand ein. Hinter einer klassizistischen Giebelfassade mit beidseitigen Flügelflächen, in leichter Ständerwand-Bauweise errich-

tet, legte man einen Zugang zur Kanzel an. Die Giebelwand wurde entsprechend der Erstbefunde annähernd wieder hergestellt. Die Hauptwandflächen unter dem Tympanon[16] und über dem Gurtgesims sah man in diesem Plan schon für die Aufhängung der Schreibmeistertafel vor, wofür die feste Verbindung mit dem hölzernen Ständerwerk spricht.
Aus dieser Zeit stammt ebenfalls die klassizistische Durchgangstür mit Rundbogen vom Chorraum der Kirche zur Kapelle, die man weiter nach Osten verlegte.

Befund der Dauthe-Fassung (1794) und einer Wiederholungsfassung aus dem 19. Jahrhundert; abgedeckt durch den Einbau der Lambris 1902

Es konnten großflächige Befunde der farblichen Raumgestaltung von Dauthe festgestellt werden. Diese sind durch den heute eingebauten großen Wandschrank wieder verdeckt, beziehungsweise sind sie hinter der Tapetentür unbearbeitet verblieben. Die Dauthe-Farbgebung ist teilweise durch eine spätere Wiederholung im 19. Jahrhundert verunklärt. Gleichwohl sind diese historischen Zeugnisse hinter den Verkleidungen bewahrt.

Auf der südlichen Flügelwandfläche zeigten sich vage Befunde einer Epitaphien-Malerei[17]. Für ihre vollständige Rekonstruktion fehlen leider hinreichend substanzielle Belege. Dagegen konnte die gemalte Gloriole[18] mit Dreieinigkeitssymbol im Giebelfeld zweifelsfrei ermittelt und als Neumalung rekonstruiert werden.

Umbau und Innenerneuerung der Kirche 1901/1902 nach Plänen von Georg Weidenbach (1853–1928) und Richard Tschammer (1860–1929)

Seit 1887 liefen intensive Bemühungen für eine grundlegende äußere Instandsetzung der Kirche einschließlich ihrer zeitgemäßen Sanierung[19]. Nach der Auslobung eines Wettbewerbs unter Leipziger Architekten erhielt das damals namhafte Büro Weidenbach und Tschammer den Zuschlag.
Die Südkapelle erfuhr während dieser Bauphase eine Reihe markanter Veränderungen. Umlaufend im ganzen Raum baute man 2,45 Meter hohe hölzerne Lambris in olivem Braun ein und integrierte drei klassizistische Türen auf der Westseite. Wahrscheinlich sollte die hölzerne Vorwand schon damals Putzschäden durch

aufsteigende Nässe und Salzausblühungen verdecken. Vor dem Einbau musste man das Mauerwerk in einer Höhe von circa einem Meter gründlich vom alten Putz befreien, wodurch frühere Sockelbefunde an diesen Wandflächen verloren gingen.
Zur Gewinnung von Stauraum fügte man in die Wandverkleidung flache Wandschränke ein, die im verschlossenen Zustand unauffällig blieben. Dafür mussten jedoch zum zweiten Mal in der Geschichte der Südkapelle Abschlagungen an den spätromanischen Diensten vorgenommen werden.
Im heutigen Raum sind nur die Lambris an der Westseite belassen. Die Farbgebung der Türen folgte dem klassizistischen Farbbefund Hellgrau.
Für die Installation einer Kirchenheizung unterkellerte man die Südkapelle. Beim Einbau der Kellerdecke hob man das

Giebelfeld, rekonstruierte Gloriole der Fassung von 1796

Höhenniveau des Fußbodens soweit an, dass die Basen der spätromanischen Dienste im Fußbodenaufbau versanken. Inwieweit dabei auch Schäden an den Basen angerichtet wurden, ist nicht mit Sicherheit zu schlussfolgern.

In der Bauphase 1901/1902 gestaltete man die Südkapelle mit einer neogotischen Raumausmalung. Aus der reich gestalteten und vielfarbigen Farbfassung konnten bei der Restaurierung neben großflächigeren Befunden viele Details aufgedeckt werden:

Wie weiter oben schon erwähnt, ist am nördlichen Gewölbe in Richtung Ost und unterhalb auf dem Strebepfeiler von dieser Fassung ein zusammenhängendes Beispiel mit wenigen Retuschen sichtbar aufbereitet.

Von der Wandteppichmalerei, die wiederum die Flächen mit etwa 2,50 Meter Höhe über der Lambris bedeckt hatte,

reichten die vielen kleinen verstreuten Befunde an verschiedenen Stellen leider nicht für eine Rekonstruktion aus.

Schöne erhaltene Beispiele dieser Raumgestaltung sind dagegen an den Rippeneinläufen, besonders an der Nordwand sowie an den Schlusssteinen des Deckengewölbes zu sehen. Auf den Rippen hatte sich diese Fassung deshalb so gut erhalten, weil man sie bis auf die Steinoberfläche gereinigt und so die Farbschichten der Jahrhunderte restlos abgetragen hatte, was wiederum eine feste Verbindung mit dem porigen Porphyrgestein für die neue Farbe lieferte.

Da die Rotfärbung von 1902 der roten Fassung der Spätgotik entgegen kam, konnte in diesem Falle die Stilvermischung die Ausstrahlung des spätgotischen Raums nicht maßgeblich verfälschen.

Die zweite Hälfte des 20. Jahrhunderts

Die Fassung von 1902 konnte sich wohl
bis in die zweite Hälfte des 20. Jahrhunderts erhalten, wurde aber dann als zu
düster und unzeitgemäß befunden. Die
zwei Neuanstriche bis in die 1980er Jahre
waren sehr schlicht einfarbig in Hellgrün.
Die braune Lambris wurde hell Weißgrau
gefasst. Auf zusätzliche Gestaltungen
verzichtete man vollkommen. Obwohl
bereits in dieser Zeit die Existenz der
Zwickelmalerei im Gewölbe bekannt war,
blieb die vollständige Freilegung aus und
wurde auch mit dem letzten Anstrich vor
der Sanierung 1991 wieder überdeckt.
Es sollte bis heute, dem frühen 21. Jahrhundert dauern, die Südkapelle unter
Beachtung gegenwärtiger denkmalpflegerischen Anforderungen und mit Hilfe
moderner Verfahren zu restaurieren.

retuschierte Fassung von 1902;
gut erhaltener Befund am Gewölbe, doch nach und
nach durch frühere Abwaschungen verunklärt

freigelegter und feingereinigter Befund der Fassung von 1902

SANIERUNG

Welche architektonischen Entscheidungen wurden getroffen, welche Baumaßnahmen umgesetzt, um den spannenden historischen Befunden einen gestalterisch würdigen Rahmen zu verleihen, der zugleich angemessene statische und bauphysikalische Verhältnisse schafft und den unterschiedlichen Nutzungswünschen gerecht wird?
Nicht alle Entscheidungen und Maßnahmen können hier aufgezählt werden, aus ihrer Vielzahl werden nun die fünf markantesten beschrieben.

Statische Ertüchtigung des Kapellenbodens

Zur Sicherung der geschädigten Stahlelemente der Kappendecke wurden im Keller Stützpfeiler angebracht und Korrosionsschutz aufgetragen. Durch diese punktuellen, für die Besucher unsichtbaren Eingriffe konnte die Kappendecke aus dem 19. Jahrhundert erhalten und mit relativ geringem Aufwand dauerhaft gesichert werden.

Baustelle im Januar 2015

Temperierung

Um eine gleichmäßige Temperierung des Raumes zu erreichen und das Raumklima an den Kirchenraum angleichen zu können, wurde nach Überprüfung verschiedener Varianten entschieden, ausschließlich über den Fußboden zu heizen. Trotz des hohen Außenwandanteils konnte auf weitere und vor allem sichtbare Heizelemente, wie Konvektorschächte oder Heizkörper verzichtet werden. Aufgrund der sehr unregelmäßig gewölbten Kappendecke über dem Heizungskeller und der damit verbundenen extrem geringen Aufbauhöhe musste bei der Verlegung des Heizestrichs am Limit gearbeitet werden. Der große Vorteil dieser Lösung liegt in der völligen optischen Abwesenheit von technischen Einbauten wie Heizelementen, die die Nutzungsmöglichkeiten und die Wirkung der historischen Wandmalereien stark beeinträchtigt hätten.

Ein neuer Fußboden

Die Entscheidung, den Bauzustand der Jahrhundertwende bis auf ein Demonstrationsfeld im Bereich der Schreibmeistertafel zurückzubauen und die Wandflächen als verputzte Flächen bis zum Boden zu führen, sowie der Einbau der Fußbodenheizung erforderten einen Neuaufbau des Fußbodens. Unstrittig war die Entscheidung, einen heimischen Naturstein als Bodenbelag zu verwenden.

Die ursprünglich favorisierte Lösung mit Rochlitzer Porphyr wurde jedoch nach der Festlegung über die sichtbar zu machenden Farbfassungen verworfen.
Die Materialwahl fiel auf die härteste der drei möglichen heimischen Sandsteinsarten, den Postaer Sandstein, denn anders als der Porphyr mit seinen kräftigen Rottönen und der expressiven Maserung korrespondiert der Postaer Sandstein mit seiner sanften Ockerfärbung und der zurückhaltenden Maserung perfekt mit

dem Farbton der wiederhergestellten Wandflächen. Zudem nimmt er durch seine sägerauhe Oberfläche schnell Patina an, so dass schon nach wenigen Monaten der Eindruck entsteht, dieser Boden sei schon immer in der Südkapelle verlegt gewesen.

Alte Fenster runderneuert

Im Zuge der Aufarbeitung der historischen Bleiverglasung wurde zur Verringerung der Wärmeverluste auf der Innenseite eine zweite Glasscheibe vorgesetzt. Durch die Art der Ausführung und die minimalistischen Halteleisten im Farbton der Bestandsrahmen ist diese erhebliche Verbesserung der Dämmwerte für den

Betrachter nicht zu erkennen. Die historischen Fenster mit ihrer Bleiverglasung konnten in ihrer ästhetischen Wirkung uneingeschränkt erhalten werden. Und das, obwohl bei zwei der vier Fenster jeweils ein elektronisch gesteuerter Lüftungsflügel eingebaut wurde.

Die Krone – der Leuchter

Die Wunschlösung aller Beteiligten war eine von der Decke abgehängte Zentralbeleuchtung, die trotz der besonderen Bedarfe für die Ausstellung zusätzliche Wandstrahler entbehrlich macht. Nach eingehender Diskussion verschiedener Entwurfsvarianten wurde ein großer Zentralleuchter mit zeitgemäßer LED-Technik gewählt, der in seiner Lichtleistung an die jeweilige Raumnutzung angepasst werden kann und in seiner Gestalt historische Leuchtermotive zitiert.

Abschließend bleibt festzustellen:
Die besondere Herausforderung dieser Bauaufgabe bestand in der Harmonisierung von verschiedenartigen Planungszielen. Zum einen galt es, die Südkapelle als öffentlichen Ausstellungsraum, aber auch für kirchliche Veranstaltungen wie zum Beispiel Kindergottesdienste, nutzbar zu machen.

Zum anderen muss die Kapelle wie bisher als eine Art „backstage Bereich" für die Konzerte in der Nikolaikirche dienen – als Umkleide und Stimmraum für die Musiker und Platzgeber für notwendiges Zubehör wie Chorpodeste.
Die Südkapelle kann heute all diese Anforderungen erfüllen.
Doch das Einzigartige ist: Wie kein anderer Kirchenraum von St. Nikolai ist die Südkapelle mit wieder hergestellten, nebeneinander präsentierten Details fast jeder Epoche Zeugnis für über 650 Jahre Geschichte.

1   Holz-, Marmor- oder Stuckverkleidungen auf den Sockeln von Innenwänden
2   Kappendecke: Decke aus Ziegelbögen, die zwischen Stahlträger gespannt ist
3   u. a.: Dehio, Georg: Handbuch der deutschen Kunstdenkmäler. – München: Deutscher Kunstverlag. – Sachsen II: Regierungsbezirke Leipzig und Chemnitz. – 1998; St. Nikolai zu Leipzig: 850 Jahre Kirche in der Stadt/im Auftrag der Kirchgemeinde St. Nikolai hrsg. von Armin Kohnle. – Petersberg: Michael Imhof Verl., 2015
4   Unter Fassung versteht man die Gesamtheit der räumlichen Farbgestaltung.
5   Wiesner, Volker: Untersuchungs- und Restaurierungsbericht Südkapelle. – Leipzig, 2015. – 95 Blätter, zahlr. Abb. – unveröffentlichtes Material. – Archiv St. Nikolai
6   Wandstützen
7   Basis: der ausladende Fuß einer Säule oder eines Pfeilers zur Druckverteilung, Übergang zur Fußplatte (Plinthe)
8   St. Nikolai zu Leipzig ··· S. 167
9   Ostschluss: synonym Dreiachtelschluss; vielwinklige Wand zum östlichen Raumabschluss
10   der über Seitenschiffdächern erhöhte Teil des Mittelschiffes, in dem die Fenster liegen
11   halbkreisförmiger, mit einer Halbkuppel überwölbter Raum
12   Malerei in den Winkel-Flächen, die durch die Kreuzung des Rippengewölbes entsteht
13   St. Nikolai zu Leipzig ··· S. 84
14   J. C. F. Dauthe: Baumeister und Kupferstecher; Schüler des Malers Adam Friedrich Oeser (1717-1799)
15   St. Nikolai zu Leipzig ··· S. 185
16   dreieckiges Giebelfeld
17   Epitaph: Gedächtnisinschrift mit Namen und Todesdatum
18   Heiligenschein
19   St. Nikolai zu Leipzig ··· S. 198

DIE AUSSTELLUNG ZUR GESCHICHTE DER FRIEDENSGEBETE – AUSSTELLUNGSIDEE UND AUSSTELLUNGSARCHITEKTUR

Ronald Scherzer-Heidenberger, Rainer Vor

AUSSTELLUNGSIDEE

Wie und warum sind Friedensgebete entstanden? Welche theologischen Wurzeln haben sie und welche Entwicklungslinien lassen sich aufzeigen? Wie erklärt sich die besondere Verbindung von Glauben und politischem Handeln? Warum trugen die Friedensgebete in der Nikolaikirche zu Leipzig 1989 maßgeblich zum Gelingen der Friedlichen Revolution bei? Warum treffen sich nach wie vor Menschen jeden Montag um 17 Uhr in der Nikolaikirche, um ihre Bitten und Ängste vor Gott zu bringen?

Diese Fragen will die Ausstellung in der Südkapelle der Nikolaikirche beantworten. Die seit 1982 in der Leipziger Nikolaikirche regelmäßig stattfindenden Friedensgebete bilden den thematischen Schwerpunkt der Ausstellung. Im Herbst 1989 wurden sie zum Kristallisationspunkt der Friedlichen Revolution. Sie haben Menschen befähigt und ermutigt, den aufrechten Gang zu wagen und sich friedlich für Demokratie und Menschenwürde einzusetzen.

Die Idee, eine Ausstellung zu den Friedensgebeten in der Nikolaikirche zu gestalten, geht auf eine Initiative des Fördervereins der Nikolaikirche zurück. Eine Arbeitsgruppe aus externen Fachleuten und Mitgliedern des Kirchenvorstandes entwickelten und realisierten sie.

Die Ausstellung erzählt in fünf Themenkomplexen mit Texten und Fotos die Geschichte der Friedensgebete im Kontext ihrer geistlichen und theologischen Quellen. Sie basiert hauptsächlich auf Quellen, die dem Archiv der Nikolaikirche entstammen sowie Materialien von Leihgebern.

Alle Ausstellungs-Banner beginnen mit einem Vers aus der Bergpredigt und enden mit einer markanten Losung der Friedlichen Revolution. Damit wird die besondere Bedeutung der Bergpredigt für den friedlichen Protest der Menschen im Herbst 1989 zum Ausdruck gebracht und gleichzeitig eine zentrale geistliche Dimension der Friedensgebete angesprochen.

Illustriert wird die Ausstellung mit zahlreichen textbegleitenden Fotos auf den Bannern sowie interessanten Exponaten in zwei Schauvitrinen und multimedial aufbereiteten Foto-, Film-, Ton- und Text-Dokumenten zum Thema.
Einzigartig ist die Möglichkeit, in der Ausstellung sehr persönliche Zeitzeugen-Interviews mit Teilnehmern der Friedensgebete und Akteuren der Friedlichen Revolution an Videostationen erleben zu können.

Die Ausstellung ist als Dauerausstellung gedacht. Dieses Buch dokumentiert die Texttafeln (Teil II) und in stark gekürzten Versionen die Zeitzeugeninterviews (Teil III).

Das Ausstellungskonzept und die Ausstellungsarchitektur wurden parallel zur sorgfältigen Sanierung der Südkapelle entwickelt.

Wie zeigt man überwiegend textlich und bildlich beschriebene Geschichte mit ihrer Bedeutung und Emotionalität in einem historischen, sakralen Raum unter Bewahrung seiner Multifunktionalität?
Werfen wir einen Blick hinter die Entscheidungs-Kulissen der Ausstellungsarchitektur, auch als Szenografie bezeichnet, um die Ausstellungsgestalt nachvollziehbar zu machen.

AUSSTELLUNGSARCHITEKTUR

Die spezifischen Anforderungen des Raums und des Ausstellungsgegenstandes konnten vorgefertigte Ausstellungselemente nicht erfüllen, so dass für die Inszenierung in der Südkapelle ein eigenes Ausstellungssystem zu entwerfen war.

Drei Maxime bestimmten die Entwicklung geeigneter Ausstellungsarchitektur:

– maximale Reduktion der Elemente,

– assoziative Korrespondenz mit den Ausstellungsinhalten,

– Anpassung des Form- und Materialkonzepts an den sakralen Raum.

Entsprechend der inhaltlichen Ausrichtung der Ausstellung sowie der Text- und Objektsituation wurden auf dieser Basis drei Gestaltungselemente definiert, die jeweils eine spezifische formale Umsetzung erfuhren.

Geschichte der Friedensgebete in Text und Bild

Sie bildet den umfänglichsten Teil der Ausstellung. Die große Informationsmenge hätte auf klassischen Ausstellungstafeln dargestellt, den Kapellenraum vollkommen verbaut und die historische Wandgestaltung verdeckt. Zudem verbot sich eine statische Präsentation in Form von Festeinbauten, um den Raum bei künftigen Veranstaltungsnutzungen schnell und mit geringstmöglichem Aufwand frei räumen zu können.
Als Lösung bot sich ein filigranes System bedruckter Banner in zwei funktional bestimmten Breiten an, befestigt an einer verschieblichen Drahtseil-Abhängung. Trotz deutlicher optischer Präsenz im Raum strahlen sie eine weiche Leichtigkeit aus, ermöglichen durch die freie Hängung spannende Durchblicke auf den historischen Raum und lassen sich einfach verschieben oder abhängen.

Präsentation von Originaldokumenten

Hierfür wurden Vitrinen als Ausstellungsmöbel in Form von schmalen Körpern entworfen und angefertigt. Sie sind in Beziehung zur restaurierten Raumgestalt entlang der Wände platziert.
In die Vitrinen schaut man durch beleuchtete Schau-Fenster. Die Originalobjekte sind im Vitrinen-Inneren auf Tafeln angebracht, die an die Form der Liedertafeln in

Kirchen erinnern. Darunter befinden sich Schubfächer für Textdokumente. Ergänzt werden die Vitrinen durch das Pult mit dem Gästebuch in gleicher Formensprache, platziert in ihrer Mitte.

Multimediastationen für Foto-, Film-, Ton- und Text-Dokumente

Die für diesen Zweck entwickelten schlichten Sitzpulte mit integrierter Technik assoziieren in ihrer Gestalt die Silhouette von Kirchengestühl. Paarweise aufgestellt, erlauben sie intensives, ungestörtes Beschäftigen mit den multimedialen Zeitzeugnissen.

Die Ausstellungsmöbel sind ausschließlich aus unbehandelten Holzwerkstoffplatten in minimierter Materialstärke verwendet. Sie passen sich so optimal dem Farbkanon und der Haptik des historischen Kapellenraums an – wenngleich als zeitgenössische „Zutat" erkennbar, sind sie in ihrer Erscheinung dem Historischen untergeordnet.

Die Ausstellung zur Geschichte der Friedensgebete erfüllt die Südkapelle mit reichem Geschichtserleben und bleibt dennoch Gast, der die Würde des vielhundertjährigen Gastgebers Kirchenraum Südkapelle zu respektieren weiß.

Multimediaplätze,
Hintergrund: Wandnische,
Schriftfelder

Pult und Vitrine,
Hintergrund: freigelegte
Wandmalerei

Teil II | DIE GESCHICHTE DER FRIEDENSGEBETE IN DER NIKOLAIKIRCHE

Matthias Hinkel, Matthias Kämpf, Stefan Oehme,
Michael Schönemann, Rainer Vor

GOTTESDIENST IM ALLTAG DER WELT – DIE FRIEDENSGEBETE IN DER NIKOLAIKIRCHE ZU LEIPZIG

Die Friedensgebete von St. Nikolai und die Friedliche Revolution 1989 sind untrennbar miteinander verknüpft. Schon die Namen beider verweisen auf das, was sie im Innersten verbindet. Doch wäre es zu kurz gegriffen, die Friedensgebete auf diesen einen, wenngleich dramatischen geschichtlichen Höhepunkt zu reduzieren.

Oft verkannt und verraten, ist der Friede unter den Menschen, der Friede zwischen den Völkern schon immer ein zentrales Thema verschiedener Religionen und Konfessionen. In Konsequenz dessen verschafften sich im Bedrohungsszenario des Kalten Krieges der 1970er Jahre in den Kirchen Friedensinitiativen mehr und mehr Gehör. Das ungeheure atomare Wettrüsten zwischen Warschauer Pakt und NATO, von der Staatsführung der DDR propagierte Feindbilder sowie eine forcierte Militarisierung des Alltags

links: Abrisshäuser im Leipziger Stadtteil Volkmarsdorf,
im Hintergrund Lukaskirche um 1988.

rechts: kirchliches Plakat der Leipziger Grafikerin Angelika Pohler
aus den 1980er Jahren

bis in den Schulunterricht hinein, riefen in der DDR-Bevölkerung Verunsicherung, zunehmend aber auch Unmut hervor.

In dieser Lage rief die Jugendarbeit der evangelischen Kirchen in beiden deutschen Staaten 1980 erstmals gemeinsam zu einer blockübergreifenden Friedensdekade auf. Zehn Tage mit täglichen Diskussionsforen, Aktionen und Friedensgebeten wurden im November 1981 in Leipzig wie auch andernorts zur Inspiration. Hieraus entstanden die Andachten, die seit 1982 Montag für Montag in St. Nikolai stattfinden. Von Beginn an zogen sie Christen wie auch Nichtchristen an, die unter den Problemen der DDR-Gesellschaft litten und sich um die Zukunft sorgten. Das Gebet um Frieden im weiter gefassten Sinne entwickelte sich so zu einem Treffpunkt kritischer junger Menschen.

Im theologischen Zentrum der Friedensgebete an der Nikolaikirche steht seit Beginn die Bergpredigt Jesu – und darin vor allem die Seligpreisungen (Matthäus 5, V. 3–10). Diese Ausstellung rückt die geistlichen und theologischen Quellen in den Mittelpunkt, aus denen die Friedensgebete seit Beginn schöpfen und aus denen sie sich immer wieder erneuern.

auf Vliesstoff gedruckter Aufruf zur ersten Friedensdekade, 1980

Das Gebet um Frieden und die Arbeit am Frieden sind nach der Friedlichen Revolution 1989 alles andere als erledigt. Hunger und bittere Armut, Unterdrückung, Gewalt, Krieg und Terror sowie Umweltzerstörung und Klimawandel machen deutlich, dass die Menschheitsaufgaben Gerechtigkeit, Frieden und Bewahrung der Schöpfung heute aktueller denn je erscheinen.

Doch zeigen die Friedensgebete immer neu, welche Kraft, welche Hoffnung und welche Ermutigung zu verantwortlichem Handeln aus der Botschaft Jesu erwachsen.

Andacht in der Leipziger Michaeliskirche während der Friedensdekade, 1984

Handzettel mit Einladung zu den Friedensgebeten, 1984

Ausschnitt aus Friedensgebet-Manuskript, 1987

<u>Fürbitten</u> Kyrie

J Für alle, die gekreuzigt werden wie dein Sohn,
Für alle, die ihr Schicksal nicht ertragen, bitten wir dich.
Für alle, die ihre Furcht nicht bezwingen können
und jene, die, von vielen Bedenken gelähmt, keine Wege
mehr suchen.

kyrie eleison (Taize)

Für alle, die widersetzlich sind
G oder abgestumpft oder resigniert.
Für jene, die bitter und zynisch sind
und weder Sinn noch Ausweg sehen.
Öffne ihnen wieder die Augen für das Gute,
das den Menschen möglich ist -
für deine Schöpfung und deine Zukunft.

kyrie eleison

J Für die Opfer der Korruption und Erpressung.
Für die Menschen der dritten Welt,
die im Ringen düsterer Götter und Mächte niedergetreten werden.
Für alle, die eingebaut sind in ein unmenschliches System
und ihm nicht entkommen können.

kyrie eleison

Für alle, die Krieg wollen und Zwietracht säen,
Für jene, die aus der Zerstörung unserer Umwelt
G ihr Geld machen.
Für die Vergifteten und Vergiftenden:
Um Befreiung aus ihrer Unmenschlichkeit
und um Vergebung unserer Schuld an ihrer Existenz
bitten wir.

Kyrie eleison

Für alle, die mutlos werden im Anblick all des
Bösen in unserer Welt.
J Aber auch für alle Zuversichtlichen,
die Straßen bahnen und Wege ebnen bitten wir

Kyrie eleison

[illegible]

Lied: ~~"Friede soll mit euch sein"~~

K Indem wir einander die Hand reichen
vergewissern wir uns, daß wir nicht allein sind
und versichern einander,
daß wir einmütig sprechen können:

"Vater unser ..."

Lied:

Spitzengespräch zwischen Erich Honecker und dem Vorstand des Bundes der Evangelischen Kirchen in der DDR (BEK), 6. März 1978

ZUR FREIHEIT BERUFEN –
KIRCHE FÜR ANDERE

Die Situation der Kirchen in der SED-Diktatur war ambivalent, prekär, doch nicht ohne Chancen. Als einzige, nicht in das Staatsgefüge integrierte Organisationen, hatten sie keinen rechtlich gesicherten Status und waren in politisch gewollter Unsicherheit zu allen Zeiten Willkür und Pressionen ausgesetzt. Andererseits verfügten sie in ihrer partiellen Autonomie über manche Freiheiten, die – zumal in den 1980er Jahren – zu einer uner-

setzlichen Ressource für oppositionelle Bestrebungen wurden.

Auch nach Anerkennung des Bundes der Evangelischen Kirchen durch die SED 1971 blieb das Verhältnis zwischen Kirche und Staat problembelastet; selbst in Phasen einer Entspannung hörte die Benachteiligung und Unterdrückung von Christen nie ganz auf.
Wie die Kirche ihren schwierigen Weg

zwischen unkritischer Anpassung und bloßer Verweigerung suchen sollte, darum wurde in langen kontroversen Diskussionen u. a. über die Formel „Kirche im Sozialismus" gerungen.

In seinem Vortrag: „Christus befreit – darum Kirche für andere" trat Heino Falcke vor der Synode des Kirchenbundes in Dresden 1972 für eine kritische Solidarität der Kirchen in der Gesellschaft ein;

▲ Das sogenannte Spitzengespräch vom 6. März 1978 war für die Beziehungen zwischen Staat und Kirche von großer Bedeutung. Formell wurden die Kirchen nun anerkannt und bekamen ihre gesellschaftliche Funktion zugestanden. Als Gegenversprechen hatten sie Religion als Privatsache zu behandeln und sich nicht in politische Angelegenheiten einzumischen.

das Evangelium sei wesentlich als Befrei-
ungsbotschaft zu begreifen.

„Zur Freiheit seid ihr berufen (Galaterbrief
5, 13). (···) Diese Freiheit führt Christen und
Kirche in mündige Mitverantwortung zum
Eintreten gegen Missstände sowie zum
aktiven Dienst an Mensch und Gesellschaft. (···) Für andere da zu sein, heißt
solidarisch werden mit den Leidenden."

Im Anschluss an Dietrich Bonhoeffer
wird damit die Verantwortung und der
Dienst der Kirche für andere als geistliche,
ethische und nicht zuletzt auch politische
Herausforderung beschrieben.

„Die Aufgabe, gegen Unfreiheit und
Ungerechtigkeit zu kämpfen, bleibt
auch in unserer Gesellschaft, denn die
Geschichte steht unter dem Kreuz. Aber
diese Aufgabe ist sinnvoll, denn die
Geschichte steht unter der Verheißung
des befreienden Christus. (···) Unter der
Verheißung Christi werden wir unsere
Gesellschaft nicht loslassen."

Konzert während des Jugendtreffens „Jugend `86",
der Werkstatt der Offenen Arbeit der Evangelischen
Kirche in Rudolstadt, 1986

▲ Mit der Offenen Arbeit war besonders der Thüringer Pfarrer Walter Schilling untrennbar verbunden.
Mit seinen häufig unkonventionellen Methoden
erreichte er zahlreiche junge Leute.

Heino Falcke gilt als profilierter Denker und Mahner
der evangelischen Kirche über die Zeit der DDR
hinaus

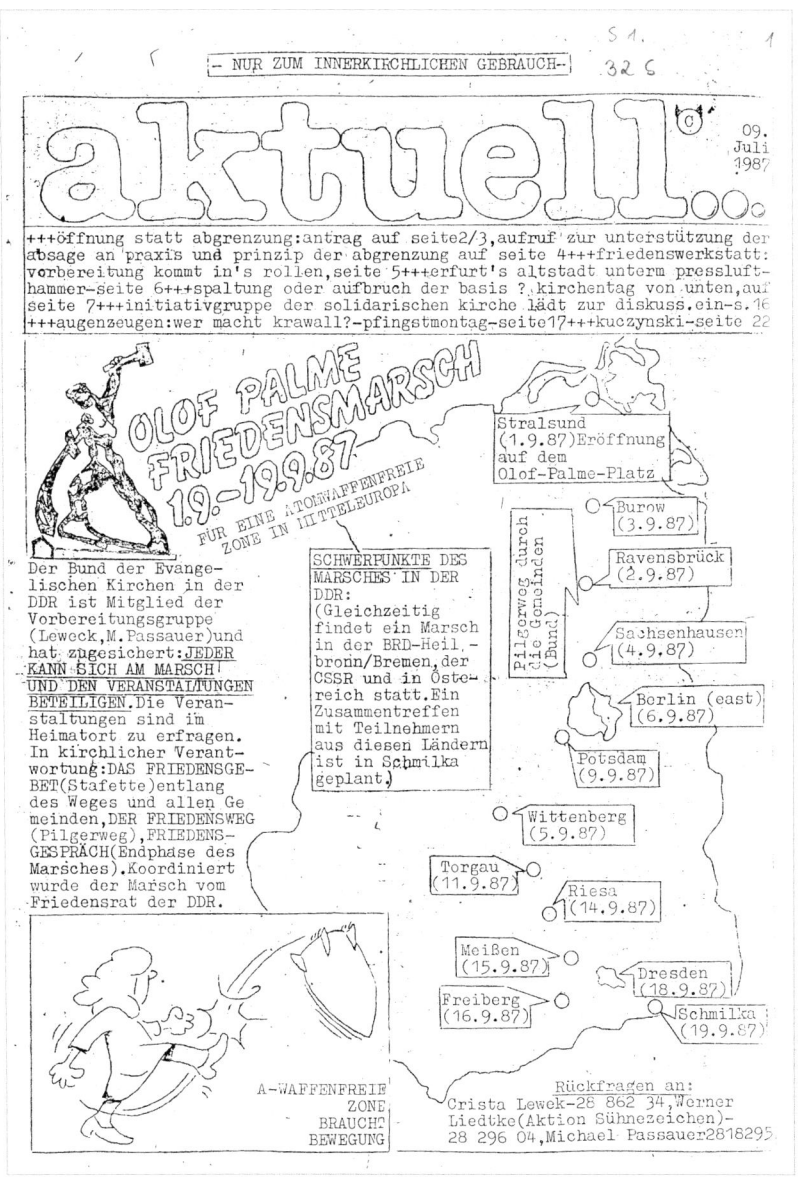

▲ Herausgeber war der Berliner Samariter-Friedenskreis, dem auch der Pfarrer Rainer Eppelmann angehörte. Die Möglichkeit der Kirche, eigene Drucksachen herauszugeben, wurde ebenfalls für oppositionelle Zwecke genutzt.

Falckes ungeschminkte Kritik, dass der real existierende Sozialismus die Menschen enttäuscht habe und verbesserlich sei, empörte die Staatsmacht ebenso wie seine Forderung nach politischer Einmischung und einer staatsunabhängigen Öffentlichkeit.

„So könnte es in der Kirche eine kritische Öffentlichkeit, eine Stätte des freien Wortes, eine Offenheit für radikale Fragen und angstfreie Lernbereitschaft geben. Das wäre ein eminent wichtiger Beitrag zur mündigen Mitverantwortung in der Gesellschaft."

So wurde Falcke nicht nur mit seinen 1978 in Erfurt begründeten, wöchentlichen Friedensgebeten, die „im Beten und Tun des Gerechten eine Spiritualität des Protestes" zu verwirklichen suchten, zu einem wichtigen Impulsgeber auch für die Leipziger Nikolaikirche.

Auftritt des staatskritischen Liedermachers Stephan Krawczyk in der Michaeliskirche Leipzig am 16.11.1986

▲ Es lag im Ermessen einzelner Gemeinden und Pfarrer, wie weit der Freiraum Kirche für kritische Veranstaltungen genutzt wurde.

STREIT UM DEN FRIEDEN

Unter dem Eindruck des Wettrüstens zwischen Ost und West formierten sich seit den frühen 1970er Jahren in beiden deutschen Staaten Friedensinitiativen in stark anwachsender Zahl zu einer z.T. blockübergreifenden Friedensbewegung.

Auch in der evangelischen Kirche war – in klarer Abgrenzung gegen die staatlich verordnete Ideologie – die Frage des Friedens auf allen Ebenen das Thema dieser Jahrzehnte.

Parade von Angehörigen der Betriebskampfgruppen in Heiligenstadt am 1. Mai 1983

KLASSENKAMPF ALS FRIEDENSPOLITIK

Die ostdeutsche Realität diktierte dabei ihre eigenen Gesetzmäßigkeiten, was auch mit der Verortung der Akteure zu tun hatte. Während in der Bundesrepublik die oppositionell gesinnten Friedensaktivisten sich politisch ganz überwiegend im linksalternativ-ökologischen Spektrum wiederfanden, schienen in der DDR auf den ersten Blick die Rollen vertauscht.

Die SED erklärte den Sozialismus sowjetischer Prägung zur Friedenspolitik schlechthin und definierte sich als die wahre Garantin des Friedens – gleichwohl sie der Rüstungsspirale die gegengleiche Drehrichtung zu der ihrer Gegenspieler im Westen gab. Nach dieser Logik war der Klassenkampf der normative Weg zum Frieden. Seine Grundlage war eine Ideologie des Feindbildes und der Militarisierung des Denkens und der Gesellschaft. Wer dem widersprach, stellte zugleich den Führungsanspruch der Partei in Frage, galt als reaktionär bzw. feindlich-negativ und geriet ins Visier der Staatsorgane.

Auch ganz praktisch war die Ausgangssituation für Friedensaktivisten in der DDR schwierig. Einzig unter dem Dach der Kirche konnte man sich ohne Genehmigung des Staates versammeln. Nur hier boten sich Möglichkeiten zu offenem Dialog und zur Einübung demokratischer Diskussionskultur.

BAUSOLDATEN UND FRIEDENSDIENST

Frühe Kristallisationskerne der Friedensbewegung waren Kreise der Wehrdienstverweigerer. Totalverweigerern waren schwere Sanktionen bis hin zu mehrjähriger Haft gewiss. Größere Bedeutung kam allerdings den Bausoldaten zu. Sie leisteten einen waffenlosen Wehrdienst in den Baueinheiten der Volksarmee. Diese einzig legale Chance, den Dienst an der Waffe zu vermeiden, war gleichwohl mit Schikane und schweren Benachteiligungen verbunden.

Aktive und ehemalige Bausoldaten vernetzten sich inner- wie außerkirchlich in lokalen Friedensdienst-Kreisen, landesweiten Treffen und Friedensseminaren. Sie erstellten Materialien zu Wehrdienstfragen und Friedenserziehung und führten unzählige Informations- und Diskussionsveranstaltungen in interessierten Gemeinden durch. Viele von ihnen traten später als Initiatoren und Träger von Friedens-, Ökologie- und Menschenrechtsgruppen in Erscheinung.

SOZIALISTISCHE WEHRERZIEHUNG ODER ERZIEHUNG ZUM FRIEDEN?

Im Frühjahr 1978 sickerten Pläne der SED durch, an Polytechnischen Oberschulen das Pflichtfach Sozialistische Wehrerziehung einzuführen, was spontane Proteste der Kirchen nach sich zog. Stimmen wurden laut, die DDR solle ihrem Anspruch, ein Staat des Friedens zu sein, vielmehr dadurch Ausdruck verleihen, dass sie an den Schulen ein Fach ‚Erziehung zum Frieden' einführt. Darin sollten Ergebnisse der Friedensforschung, Fragen der Entspan-

Colditz / Lastau, 13.VI. 1978

Betr.: Unterrichtsfach "Wehrkunde"

Christen verschiedener Altersgruppen haben folgende Stellung-
nahme zum Problem "Wehrkunde" abgegeben:

Wir geben zu bedenken, daß von deutschem Boden 2 Weltkriege aus-
gingen, die anderen Völkern und dem eigenen Volk unermeßliches
Leid brachten:
Wir stellen fest, daß schon seit Jahren wieder Kriegsspielzeug
angeboten wird, daß es wieder Armee und Wehrpflicht gibt, daß
neben der Armee militärische Organisationen wie Kampfgruppen
und GST existieren.
Wir befürchten, daß, wenn nun dazu auch noch ein schulisches
Pflichtfach "Wehrkunde" kommt, eine Entwicklung der Kinder und
Jugendlichen zum Militarismus und zur Gewalt begünstigt und gefördert wird.
Wir verstehen nicht, wie sich der Protest gegen die Neutronen-
bombe und der klare Standpunkt zur Abrüstung (ND vom 7.6.78:
"Deshalb verfolgt die DDR gemeinsam mit der SU...das Ziel, die
allgemeine und vollständige Abrüstung bei strenger internatio-
naler Kontrolle durchzusetzen.") mit der Einführung eines Schul-
faches "Wehrkunde" verträgt. Wir stimmen ND vom 7.6.78 voll zu,
wenn es dort heißt: "Man darf nicht nur über Abrüstung reden
und gleichzeitig das Gegenteil tun..."
Wir wissen, daß der Frieden nicht durch schöne Worte, erst recht
nicht durch Aufrüstung der Armee und Unterhaltung militärischer
Organisationen erreicht wird. Wer wirklich Frieden will, muß
dafür etwas tun: Er muß konsequent der Errichtung eines Feindbildes und der Erziehung zum Haß entgegentreten. Der Frieden beginnt in den Familien, der Schule, den Arbeitsstätten, nicht
erst an der Staatsgrenze.
Wir bitten die Regierung der DDR mit allem Nachdruck, von der
Einführung eines Unterrichtsfaches "Wehrkunde" abzusehen. Wird
dieses Unterrichtsfach dennoch eingeführt, fordern wir, daß die
Teilnahme daran (im theoretischen und praktischen Bereich) wie
bei einer Arbeitsgemeinschaft freiwillig ist.

136 Unterschriften aus den beiden Kirchgemeinden Colditz
und Lastau.

Ausgabe der Samisdat-Zeitschrift „aktuell" mit einem kritischen Leitartikel
zum Thema Kriegsspielzeug, Dezember 1986

S 1.   12 S.

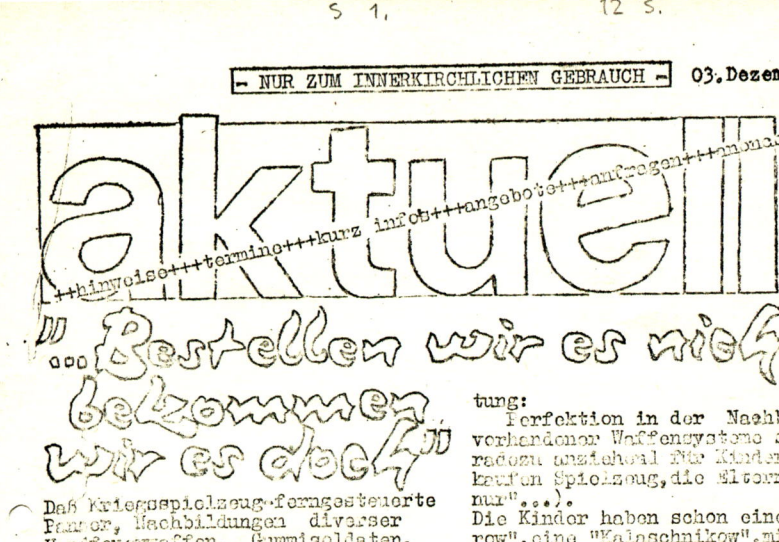

aktuell

+++hinweise+++termine+++kurz infos+++angebote+++anfragen+++mannen+++hin

„...Bestellen wir es nicht, bekommen wir es doch"

Daß Kriegsspielzeug-ferngesteuerte Panzer, Nachbildungen diverser Handfeuerwaffen, Gummisoldaten, Mannschaftswagen oder Fliegerabwehrraketen auf Fahrzeugen in den Sortimenten der Spielzeugläden vorhanden sind, ist nicht immer auf die verantwortungslose oder gedankenlose Bestelltätigkeit der Filialen zurückzuführen.

Worden solche Artikel während der Bestellung im Großhandel übersehen oder abgelehnt (man ist als Besteller persönlich dort) ist es möglich, daß auch diese Kollegen eine Zuteilung in der nächsten Lieferung vorfinden. Von Reklamationsrecht allerdings kann die Filiale nur dann Gebrauch machen, wenn die Ware beschädigt oder unvollständig geliefert wurde.

Bei Kriegsspielzeug, daß ja die Hoheitszeichen der NVA oder befreundeter Armeen trägt, unterlassen die Filialangestellten diese Bestellung am besten nicht, denn sie kommen ja wieder einmal in das Großhandelslager, um zu bestellen und wollen auch einmal Spielzeug in großen Mengen absetzen, das sich reißend absetzen läßt oder das man sehr gern als "Tante aus dem Spielzeugladen" an Kinder oder Eltern verkaufen möchte. Und schließlich ist man zudem auch mit Leistungsprämien am Umsatz beteiligt.

Eine befragte Filialleiterin sprach auch von folgender Beobachtung:

Perfektion in der Nachbildung vorhandener Waffensysteme sei geradezu unzichbar für Kinder ("Sie kaufen Spielzeug, die Eltern zahlen nur...").

Die Kinder haben schon eine "Makarow", eine "Kalaschnikow", militärische Fahrzeuge oder Flugzeuge wäh-

rend ihrer Besuche bei militärischen Einheiten gesehen, und ihr Qualitätskriterium für dieses Spielzeug sei: ORIGINALTREUE! Gerade Kinder im Vorschulalter und im Schulalter erwarten Originaltreue bei gutem Spielzeug.

Kriegsspielzeug wird im Schaufenster angeboten, da die erforderte "Warenbewegung" dieses "Spielzeuges" realisiert werden soll. Denn was nicht im Schaufenster präsentiert wird, ..."geht nicht". Und dies ist dann ein bewährtes Mittel, Dauerausreden wie "haben wir nicht" von vornherein unmöglich zu machen.

Mitglieder aus Leipziger Basisgruppen
werben beim Olof-Palme-Friedens-
marsch für den sozialen Friedensdienst,
11. September 1987

nung, der ethischen Bewältigung des Soldatenberufes etc. vermittelt werden.

Als die SED an der Wehrerziehung fest-hielt, setzte die Kirche ein deutliches Signal dagegen.
1980 legte sie ein anspruchsvolles Pro-gramm einer Erziehung zum Frieden auf, das enorme Breitenwirkung entfaltete. Friede sei danach kein Zustand, sondern ein kritischer Prozess. Ein „Handeln auf Hoffnung hin suche in konkreten Prob-lemen vorhandenen Unfrieden zu ver-ringern und damit Raum für gelingenden Frieden zu schaffen". Das Programm setzt auf Kritik und Veränderung. In der politisch erstarrten DDR schien es geeignet, Unruhe zu stiften. In der Tat folgten der Wehrerzie-hung Massenproteste der jungen Genera-tion auf dem Fuß.

Ein Thema, das bis zum Ende der DDR viru-lent blieb, war die Initiative für einen Sozi-

Bausoldaten im Einsatz, 1968

alen Friedensdienst (SoFD), einem zivilen Wehrersatzdienst etwa in Pflegeheimen. Obwohl die Kirchenleitungen, um eine schärfere Konfrontation mit dem Staat zu vermeiden, von dem anfangs unterstütz-ten Anliegen abrückten, blieb das Thema auf der Agenda einer sich herausbilden-den Opposition.

Mit dem Nachrüstungsbeschluss der NATO vom Dezember 1979 und dem Einmarsch sowjetischer Truppen in Afghanistan war absehbar, dass nicht nur das Wettrüsten weiterging und die Gefahr militärischer Konfrontation stieg, sondern dass sich auch die innergesellschaftliche Militarisie-rung in der DDR fortsetzen würde, gegen die sich immer mehr Proteste formierten.

Aufnäher „Schwerter zu Pflugscharen"; um 1981

ANFÄNGE DER FRIEDENSGEBETE – SCHWERTER ZU PFLUGSCHAREN

Die Friedensgebete gehen auf die Friedensdekaden zurück, die erstmalig im November 1980 unter dem Motto „Frieden schaffen ohne Waffen" stattfanden. Als Symbol wählte man dazu ein Bild aus der Bibel: Schwerter zu Pflugscharen.

1981 wurde davon ein auflagenstarker Textildruck in Auftrag gegeben, der als Aufnäher sichtbar an der Kleidung getragen werden konnte. Bald waren davon weit über 100.000 im Umlauf. Niemand rechnete damit, dass das Symbol beanstandet werden würde, schließlich war das Bild des Denkmalgeschenks der UdSSR an die UNO schon mehrfach publiziert worden und sogar im aktuellen Geschenkbuch zur Jugendweihe abgedruckt. Rein formal verband es geschickt die christlich-biblische Vision sowie die daraus begründete ethische Haltung mit dem erklärten Ziel sozialistischer Friedenspolitik.

Dennoch entwickelte der Aufnäher eine unvorhergesehene Eigendynamik, platzte seine Verbreitung doch in eine Situation, in der staatlicherseits Bedrohungsängste extrem geschürt worden waren. Hinzu kam, dass die Bevölkerung der ständigen Militarisierungs- und Disziplinierungsmaßnahmen überdrüssig war. Vor allem Jugendliche trugen den Aufnäher als Zeichen des Protestes. Ab Januar 1982 war das Tragen der Aufnäher an Bildungseinrichtungen verboten, oftmals wurden sie gewaltsam entfernt. Dennoch blieb das Symbol und die damit verbundenen Ereignisse fester Bestandteil der oppositionellen Friedensbewegung.

Der Geist war aus der Flasche: Vielerorts gab es nun außerhalb der Friedensdekaden Friedensgottesdienste, Bluesmessen und Friedensandachten, die die Frömmigkeit mit sozialen und politischen

Niederschrift

Am Montag, dem 15.März, wurde ich nach Unterrichtsschluß vom
Klassenleiter zu einem Gespräch ins Direktorzimmer gebeten.
Anwesend war außer unserem Klassenlehrer, Herrn H█████, der
Physiklehrer, Herr H██████.
Auf die Frage nach dem Abzeichen der Friedensdekade antwortete
ich nur zögernd, da ich nur soviel sagen wollte, wie nötig war.
Mir wurde erklärt, daß es sich hier um eine pazifistische
Bewegung handle, die sich die einseitige Abrüstung zum Ziel
gesetzt habe. Das Wort "staatsfeindlich" wurde mehrfach
betont. Die Bewegung sei gezielt von den U.S.A. angezettelt
und in unser Land getragen worden. Die Kirche habe damit
nichts zu tun, sie habe sich sogar nachdrücklich davon dis-
tanziert, obwohl es natürlich einzelne Pfarrer gebe, die sich
dafür einsetzen. Aber der Landesbischof versuche, sie abzu-
setzen. Man könnte mir sogar die Namen dieser reaktionären
Pfarrer hier in Leipzig nennen. Man werde mit allen Mitteln
verhindern, daß es ein "Dresden" in Leipzig gibt. Diese
Bewegung sei ein Schritt in Richtung Polen. In den U.S.A.
könne sich auch niemand erlauben, mit einem Abzeichen herum-
zulaufen, das gegen die Regierung gerichtet ist. Dort würde
das nicht so glimpflich ablaufen, man würde dann gleich auf
der Straße zusammengeschlagen.
Ich versuchte mehrfach, die Herkunft des Symbols zu erklären. Das
wurde erst überhaupt nicht für voll genommen und später
damit abgetan, daß es da um den 2.Weltkrieg gehe. Bei jedem
Versuch einer Rechtfertigung wurde ich sofort unterbrochen.
     Am Schluß kam der Abteilungsleiter der Schule, Herr D█████,
dazu. Er machte mir schreiend klar, daß ich mich mit dem
Abzeichen in der Schule und im Betrieb nicht mehr blicken
zu lassen hätte, andernfalls würde ich aus der Schule fliegen.
Man wolle mir schon zeigen, wer hier die Macht hat. Er berief
sich auf sein Hausrecht und auch darauf, daß der Betriebs-
direktor in seinem Referat zu Beginn unserer Lehre darauf
hingewiesen hatte, daß im Betrieb das Tragen imperialistischer
Aufnäher und Abzeichen nicht gestattet sei.
Inzwischen wurde an unserer Schule ein weiterer Fall bekannt,
bei dem ein Schüler mit solchen Mitteln gezwungen wurde, das
Abzeichen zu entfernen.

Schkeuditz, am 20.3.82

                                   Holger R█████
                              7144 Schkeuditz ████████
                              Schüler der Betriebsberufsschule
                              des VEB RFT Fernmeldewerk Leipzig,
                              im 3. Lehrjahr

Erfahrungen und Hoffnungen verbanden – eine Verbindung, die die Organe der Staatsmacht weder verstanden noch in ihrer Kraft einzuschätzen vermochten, die sie aber als Bedrohung empfanden.

In Leipzig-Probstheida trafen die Junge Gemeinde der 15–19-Jährigen und der Bibelkreis der Senioren ungeplant zusammen und nutzten das zum Gespräch. Die Alten fragten, warum die Jugend mit den Aufnähern Schwerter zu Pflugscharen die Staatsmacht provoziert und damit Schul- und Karriere-Abbrüche, Verfolgung und unter Umständen sogar Haftstrafen riskiert.

oben: Holzkreuz im Altarraum der Nikolaikirche

unten: Aufsteller „Schwerter zu Pflugscharen" im Hauptschiff der Nikolaikirche

◄ Das einfache Holzkreuz wurde auf Vorschlag von Nikolaipfarrer Christian Führer anlässlich der Friedensdekade im November 1981 angefertigt. Zu einer Abendandacht dieser Friedensdekade kamen etwa 130 Jugendliche, von denen die Mehrzahl nicht zur Kirche gehörte. Jeder war dazu eingeladen, stellvertretend für seine Sorgen und Ängste eine Kerze auf dem liegenden Holzkreuz anzubringen. Viele der Jugendlichen fanden so erstmals eine Sprache, um alles, was sie störte und beengte, zum Ausdruck zu bringen. Sie empfanden Kirche als ein Raum der Freiheit. Somit wandelte sich das Kreuz zu einem hell erleuchteten Zeichen der Hoffnung. Heute ist es neben dem Altar der Nikolaikirche zu finden.

◄ Der Aufsteller stammt aus dem Herbst 1982 und wurde von einem Mitglied der Jungen Gemeinde Probstheida gestaltet. Gemeinsam mit einer Informationstafel hat er heute seinen festen Platz im Mittelschiff neben dem Eingang.

Ausschnitt aus dem Protokoll der Kirchenvorstandssitzung vom 24. Mai 1982
Es enthält den Beschluss, die Nikolaikirche für Friedensgebete zu öffnen.

Die Antwort war: Der DDR-Staat wird zunehmend militanter, im Wehrkundeunterricht wird massiv für eine Verpflichtung zur Armee geworben, ohne die oft Abitur und Studium nicht mehr möglich sind. Am Ende der lebhaften Diskussion stand die Idee: Denken, Handeln und Beten für den Frieden! Ein Friedensgebet soll es sein.

Schnell war die Nikolaikirche mit ihrer zentralen Lage als Örtlichkeit ausgemacht und der Montag als erster Arbeitstag nach dem Wochenende. Der Zeitpunkt 17 Uhr gab die Möglichkeit, nach Arbeitsschluss am Friedensgebet teilzunehmen. Damit sollte eine breitere Öffentlichkeit geschaffen werden.

So traten die Jugendlichen im März 1982 mit ihrem Diakon Günther Johannsen an Superintendent Friedrich Magirius

heran. Der Kirchenvorstand St. Nikolai erklärte sich einverstanden, und so fand am Montag, den 20. September 1982 das erste Leipziger Friedensgebet außerhalb der Friedensdekade statt. Als Signet dafür wählten sie: Schwerter zu Pflugscharen! Die großformatige Tafel steht bis heute in der Nikolaikirche.

Das Gebet um Frieden wurde zum Treffpunkt kritischer junger Menschen. Bald wurden diese ohne ordinierte Theologen begonnenen Andachten auch von weiteren politisch und gesellschaftlich engagierten Gruppen, sogenannten Basisgruppen, gestaltet.

Konzert der Leipziger Punkrock-Gruppe „Wutanfall" (später „L' Attentat") in der Jugendkapelle der Nikolaikirche

▼ Pfarrer Christian Führer hatte die Band in der Kirche kennengelernt und ihnen den Auftritt ermöglicht.

Schild vor der Nikolaikirche

◄ Das Schild wurde 1986 vor der Nikolaikirche angebracht. Es markiert ihren Charakter als offene Stadtkirche. Er findet zum Beispiel Ausdruck im Nikolaitreff. Besucher können sich bei einem Kaffee auszuruhen und ins Gespräch zu kommen. Der Treff befindet sich in der Jugendkapelle, links vom Altarraum.

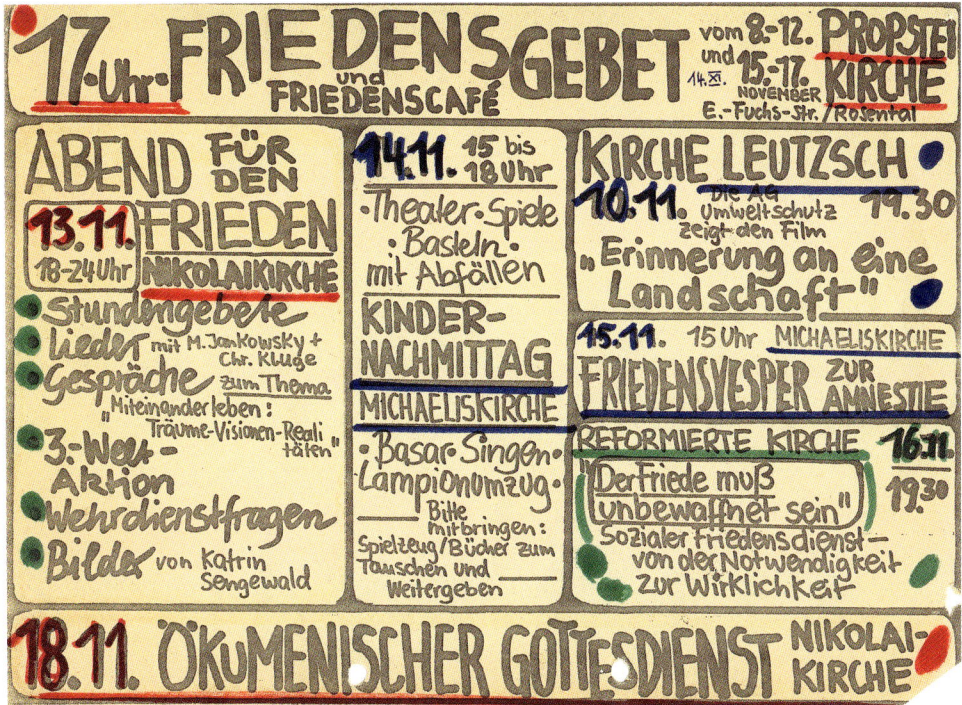

Programm der Friedensdekade in Leipzig von 1986

12.II. 1984

Pfarrer C. Führer

Betr.: Kerzen für den Frieden

Ev.-Luth. Landeskir-
chenamt Sachsens
-Superintendentur
Leipzig Ost-

Hiermit teile ich meinen derzeitigen Informationsstand in dieser
Angelegenheit mit:
1. Am 1o. Februar 1984 wurden aufgrund von §215 verurteilt:
   ▓▓▓▓▓▓▓▓▓▓▓▓ zu 1o Monaten,
   ▓▓▓▓▓▓▓▓▓▓▓▓ zu 14 Monaten Haft. Die Verhandlung fand vor
   dem Kreisgericht, Dimitroffstraße, statt.
2. Seit dem 3o. Januar 1984 ist -nach einigen vorangehenden Vorla-
   dungen- ▓▓▓▓▓▓▓▓▓▓ erneut inhaftiert worden. Ihm wird § 99
   (Nachrichtenübermittlung...) zur Last gelegt. Seine Frau ▓▓▓▓
   wurde zwecks "Charakterforschung" ihres Mannes zu 2 Gesprächen
   vorgeladen.

Diese Angaben sind mir von gut informierter Seite gemacht worden.
Ich kann sie nicht überprüfen, gebe sie ungekürzt weiter.

Mit freundlichem Gruß!

Pfarrer

Information von Nikolaipfarrer Christian Führer zu Verhaftungen in Folge einer unangemeldeten
Kerzendemonstration, 12. Februar 1984

▲ Im Anschluss an einige Friedensgebete der Friedensdekade im November 1983 fanden sich Gruppen von
20 bis 50 Leuten zu stillen Kerzendemonstrationen zusammen. Diese Proteste mit überwiegend jugendlichen Teilnehmern wurden rasch von der Polizei aufgelöst. So auch am 9. November 1983, als man des 45.
Jahrestages der Reichspogromnacht gedenken wollte. Damit wurde auch versucht, offener mit der man-
gelnden Aufarbeitung der Geschichte des Nationalsozialismus umzugehen. Der Stellvertreter des Leipziger
Oberbürgermeisters, Rudolph Sabatowska, bezeichnete diese Aktion als einen Missbrauch christlich mo-
tivierten Friedensengagements durch reaktionäre Kräfte innerhalb der Kirche. Als dann am 18. November
1983 rund 25 Personen versuchten, am Rande der Leipziger Dokumentar- und Kurzfilmwoche einen Kreis
mit brennenden Kerzen zu bilden, ging die Polizei offensiv vor: 17 Demonstrierende wurden verhaftet.
Sechs von ihnen verurteilte man zu Haftstrafen von bis zu zwei Jahren. Im Vorfeld hatten einige Pfarrer und
Kirchenmitarbeiter versucht, alternative Angebote zu schaffen. Damit wollten sie die Jugendlichen davor
bewahren, sich durch diese Form des Protestes in Gefahr zu bringen.

eine Hoffnung lernt gehen:
Logo der Ökumenischen Versammlung
für Frieden, Gerechtigkeit und Bewahrung der Schöpfung

GERECHTIGKEIT, FRIEDEN, BEWAHRUNG DER SCHÖPFUNG – KONZILIARER PROZESS UND ÖKUMENISCHE VERSAMMLUNG

Global denken – lokal handeln: Der Konziliare Prozess und die aus ihm hervorgehende Ökumenische Versammlung verwirklichten dieses Kernanliegen des Prozesses idealtypisch, denn zunehmend rückten Umweltfragen und die gerechte Teilhabe am gesellschaftlichen Leben besonders in den Blick. Das Themenspektrum der Friedensgebete erweiterte sich auf die Trias Frieden – Gerechtigkeit – Bewahrung der Schöpfung. Immer deutlicher trat die unlösbare Verzahnung dieser drei Herausforderungen zutage: kein Frieden ohne Gerechtigkeit, keine Schöpfungsbewahrung ohne Frieden.

In Sorge vor der Bedrohung durch einen atomaren Krieg brachten die Vertreter der DDR-Kirchen in die VI. Vollversammlung des Ökumenischen Rates der Kirchen in Vancouver 1983 den Antrag ein, ein weltweites Konzil des Friedens vorzubereiten. Angesichts des zeitnah nicht zu erreichenden Ziels einigte man sich auf einen Konziliaren Prozess gegenseitiger Verpflichtung auf Gerechtigkeit, Frieden und Bewahrung der Schöpfung. Auf Ebene der Kontinente und weltweit stellte man sich unter Bezug auf theologische Grundlagen der Kirchen globalen Herausforderungen wie der Verhinde-

ÖKUMENISCHE VERSAMMLUNG

für Gerechtigkeit, Frieden und Bewahrung der Schöpfung

EINE HOFFNUNG HAT SICH AUF DEN WEG GEMACHT

WIE KANN ICH TEILHABEN AM KONZILIAREN PROZESS ?

WIE KANN ICH DEN WEG
DER HOFFNUNG MITGEHEN ?

FÜHLE ICH MICH DURCH DIE PROBLEME DER ZEIT
HERAUSGEFORDERT ?

Viel zu schnell delegieren wir unsere
Probleme an
- die Kirche
- die Ökumenische Versammlung
- die Gesellschaft ab.
Wir erwarten von ihnen große Dinge.
Was passiert,wenn diese Erwartungen ent-
täuscht werden ?
Resignieren wir dann ?
Spätestens da müssen wir begreifen,daß auch
wir etwas tun müssen und können.
Wir sind in unserer Glaubwürdigkeit als
Christen angefragt.
Heißt aber christlichen Glauben leben auch
sich politisch engagieren ?

Für eine überlebensfähige Menschheit müßten
Christen heute in Ansätzen so leben,
wie zukünftige Regeln es von uns verlangen
werden. Ganz schnell werden wir dabei an
unsere Grenzen stoßen. Häufig werden wir
dabei allein sein.
Dieser Weg der Hoffnung ist keine breit,ge-
pflasterte Straße.

ABER OHNE UNSER MITTUN WIRD DER KONZILIARE
PROZESS WENIG CHANCEN HABEN !

Die Ökumenische Versammlung selbst kann nur
ein herausgehobenes Stück der gemeinsamen
Wegstrecke darstellen, um die anstehenden Probleme bewußter deutlich zu machen.

Dabei werden wir uns immer wieder zu fragen haben, wodurch wir selbst einem
Mehr an Gerechtigkeit oder der Versöhnung und dem Frieden mit unseren Nach-
barn im Wege stehen oder sie aufhalten. Der Weg zu einer weltweiten Versammlung
der Kirchen wird deshalb immer auch ein Weg der Buße und Umkehr sein. Das er-
fordert Mut und Nüchternheit: Nüchternheit im Urteil, Mut in den Fragen, die wir
zu stellen haben, und in den Entscheidungen, die wir — im Wort und in der Praxis
— zu treffen haben.

MIT MIR ?

Protest gegen Umweltverschmutzung im Rahmen eines Umweltgottesdienstes
in Deutzen bei Leipzig, 12. Juni 1988

rung von Gewalt und Krieg, Abrüstung, dem Kampf gegen Ungerechtigkeit, Hunger, Armut und Umweltzerstörung. Politische Sprengkraft für die DDR gewann dies durch den Impuls des Stadtökumenekreises Dresden, den globalen Prozess vor Ort zu beginnen und auf das eigene Land zu beziehen. Inmitten von politischer Stagnation, galoppierenden wirtschaftlichen, ökologischen und gesellschaftlichen Problemen und einer weitverbreiteten Mentalität des Rückzugs in private Nischen lud die Arbeitsgemeinschaft Christlicher Kirchen mit dem Aufruf: „Eine Hoffnung lernt gehen" alle Kirchen,

Gemeinden und politisch engagierten Gruppen ein, sich am Aufbruch zu beteiligen.

Der Aufruf fand große Resonanz. Landesweite Ökumenische Vollversammlungen in Dresden (Februar 1988) und Magdeburg (Oktober 1988) bündelten an die 10.000 aus Diskussionen im ganzen Land eingegangenen Beiträge und gaben sie zur Weiterarbeit zurück.

Nicht von ungefähr befürchtete das Zentralkomitee der SED, dass hier eine politisch feindliche Plattform zurecht-

die Initiativgruppe „Hoffnung Nicaragua" macht auf dem Petersbergtreffen bei Halle auf globale Ungerechtigkeit aufmerksam, 12. Mai 1985

Abschlussgottesdienst der 3. Ökumenischen Versammlung für Frieden, Gerechtigkeit und Bewahrung der Schöpfung in der Dresdner Kreuzkirche, 30. April 1989
Über 3000 Teilnehmer knüpften aus Bändern ein Netz als Symbol der Zusammengehörigkeit.

gezimmert werden könnte. Die dritte Vollversammlung im April 1989 in Dresden verarbeitete 1.400 weitere, z. T. sehr ausführliche Stellungnahmen und fasste, mitunter in hartem Ringen, die Ergebnisse zusammen. Insbesondere die zwölf Ergebnistexte mit ihren profunden Analysen und durchdachten Forderungen und Vorschlägen fanden große öffentliche Beachtung. Teilnehmer, Berater und Freunde der Versammlung wirkten als Multiplikatoren bis weit in den politischen Bereich hinein. Einige von ihnen gründeten im September/Oktober 1989 politische Aktionsbündnisse und Parteien bzw. prägten sie mit (Neues Forum, Demokratischer Aufbruch, Demokratie jetzt, SDP).

Übergabe der Ergebnistexte der Ökumenischen Versammlung während des Abschlussgottesdienstes übergeben, 30. April 1989

KONFLIKT UND AUFBRUCH

Im Horizont des Konziliaren Prozesses wurde 1985 ein eigenes Gremium eingesetzt, der Synodalausschuss für Frieden und Gerechtigkeit. Im September 1986 übernahm Christoph Wonneberger, Pfarrer an der Lukaskirche, die Koordination der Friedensgebete; er knüpfte Kontakte zu den aktiven Gruppen und ermunterte zu politischem Engagement.

Die Reformideen des neuen Generalsekretärs der KPdSU, Michail Gorbatschow,

Glasnost (Offenheit) und Perestroika (Umgestaltung), lösten in der DDR ein gespaltenes Echo aus: Je entschiedener die reformunwillige SED sie ablehnte, umso begeisterter reagierte vor allem die Generation der unter 25-Jährigen. Konflikte bahnten sich an. Im November 1987 stürmte die Staatssicherheit die Umweltbibliothek an der Zionskirche Berlin, einem bedeutenden Treffpunkt oppositioneller Gruppen aus der ganzen DDR. Bei unangemeldeten Protesten anlässlich des

Luxemburg-Liebknecht-Gedenkmarsches im Januar 1988 kam es in Berlin zu Massenverhaftungen. All das schlug auch in den Friedensgebeten hohe Wellen.

Unterdessen hatten viele Ausreisewillige die Friedensgebete für sich entdeckt. Da sie das Land verlassen wollten, kam es bald zu Interessenskonflikten mit jenen, die sich fürs Bleiben entschieden hatten und sich für Veränderungen im Land einsetzten. Dieses Problem griff Nikolaipfarrer Christian Führer im Februar 1988 in einem Vortrag mit dem Titel „Leben und Bleiben in der DDR" auf. Darin schloss er mit einem sehr persönlichen Appell:

„Wer sonst könnte in diesem Land etwas ändern, wenn nicht wir, die wir »von hier« sind? Manchen schwebt die politische Vision eines verbesserlichen Sozialismus vor. Man wird sehen. Ich jedenfalls habe in meinem ganzen bisherigen Leben immer wieder erfahren: Kämpfen lohnt; der Kleinglaube wird beschämt."

Seit jenem Abend, zu dem statt der erwarteten 50 rund 600 Zuhörer gekommen waren, kamen nun jeden Montag 500 bis 1000 Menschen zum Friedensgebet. Mehr und mehr nahm dieses Charakterzüge eines politischen Forums an, inklusive Stellungnahmen Einzelner und

Plakat zu den Friedensgebeten, nachdem Pfarrer Christoph Wonneberger ihre Koordinierung übernommen hatte

lautstarker Zwischenrufe. Zum Eklat kam es, als Ende Juni 1988 nicht abgesprochen eine Kollekte für einen zu einer hohen Geldstrafe verurteilten Oppositionellen gesammelt wurde.

Superintendent Friedrich Magirius enthob daraufhin Christoph Wonneberger seiner Funktion als Koordinator der Friedensgebete. In einem Brief an die Basisgruppen kündigte er an, dass Durchführung und Verkündigung der Friedensgebete künftig von der Nikolaigemeinde übernommen würden. Einige Basisgruppen sahen sich ins Abseits gedrängt. Es folgten heftige Proteste und tumultartige Szenen im Friedensgebet. Magirius wurde Zensur vorgeworfen; der begründete sein Handeln mit einer Gewissensentscheidung: Teile der Friedensgebetsgemeinde seien nicht an Fragen des Konziliaren Prozesses interessiert. Die Verkündigung der biblischen Botschaft gelte jedoch Allen gleichermaßen – Hierbleibenden wie Ausreisewilligen. Der Gottesdienstcharakter der Friedensgebete müsse gewahrt bleiben.

Nach langwierigen Verhandlungen gelang dennoch ein Kompromiss und auch die Kritiker beteiligten sich nach Bestätigung der Kompromisslinie durch den Kirchenvorstand ab April 1989 wieder am Friedensgebet. Es blieb allerdings bei der seit Frühjahr 1988 obligatorischen Verantwortlichkeit eines ordinierten Theologen und auch dabei, dass biblische Texte nach Wahl der mitgestaltenden Gruppen eingebracht wurden, mit dem Ziel der religiösen Verarbeitung gesellschaftlicher Wirklichkeit. Der Kirchenvorstand behielt sich das Recht der Begrüßung der Friedensgebetsgemeinde sowie der Verlesung gemeinsam beratener Informationen über aktuelle Fragen vor, damit nicht abgesprochene Aufrufe in Zukunft unterblieben.

Aus dem Konflikt war zugleich Neues entstanden: Als Gruppenvertreter ihre Protesterklärungen nicht in der Kirche vortragen konnten, zogen sie nach draußen und verlasen sie dort. Die Kundgebung auf dem Nikolaikirchhof geriet zu einem Zwischenschritt zur Demonstration.

KONTAKTE

UMWELT FRIEDEN 3. WELT

MÄRZ 88

aus dem letzten Friedensgebet für die Inhaftierten des 17. Januar

"Und Jesus kam zum drittenmal und sprach zu ihnen:
Ach, wollt ihr nun schlafen und ruhen? Es ist genug.
Die Stunde ist gekommen. Siehe, des Menschen Sohn
wird überantwortet in der Sünder Hände. Steht auf,
laßt uns gehen. Siehe, der mich verrät, ist nahe."
Markus 14,41

"Herr, wir wollten nicht schlafen und ruhen.
Wir wollten wach sein in diesen Tagen. Wir haben
gebetet und geredet und Briefe geschrieben und
telefoniert und das Radio laufen gelassen.
Manchmal sind wir so überwach gewesen, daß uns
dann grade die Augen zufallen wollten und der
Schlaf der Erschöpfung uns ereilt hätte.
Herr, hilf uns, Kräfte zu behalten und weiter
wach zu bleiben in allen Stunden der Entscheidung,
die noch kommen werden.

Herr, du sagst zu uns: Steht auf! Geht los!
Wir blicken auf und wohin geht es? Dorthin,
wo der Verräter steht. Wo die Spieße und Stangen
warten. Wo die Konfrontation ist. Wo wir das
Risiko nicht mehr abschätzen können. Wo wir
nicht wissen, ob wir durchhalten. Wo wir nicht
wissen, wieviele noch mit uns sind.
Du warst dort, Jesus. Du bist auf all das
zugegangen. Wenn wir dir nachfolgen, wirst du
bei uns sein."
                        Amen

(gehalten am 24.2. in der Nikolaikirche)

In den nächsten KONTAKTEN bringen wir
Beiträge aus der Ökumenischen Versammlung.
Außerdem können Gemeinden/Gruppen an unsere
Leipziger Delegierten herantreten und sie
einladen. In Dresden waren dabei:
HORST GRÜGER (AG Friedensdienst)
                Friedrichshafner Str. 163, 7025
KAPLAN FISCHER (AG Justitia et Pax)
                Karl-Heine-Str. 110, 7031
GEORG POHLER (kath. Friedenskreis)
                Schönauer Ring 76, 7065
WILLI VOLKS (Initiativgruppe Hoffnung Nicaragua)
                Rabener Str. 12, 7033
NIKOLAUS VOSS (Beobachter/Umweltschutz)
                Gleudner Str. 24, 7042

"Leben und Bleiben in der DDR"   Leipzig St. Nikolai, 19.Februar 1988

Liebe Gemeinde, liebe Zuhörer!
Für die einen wird unser Thema kein Thema mehr sein: sie haben sich bereits ent-
schieden, nicht mehr in der DDR zu bleiben und zu leben. Für die anderen ist es kein
Thema, weil es kein Thema sein darf. Allein schon die Tatsache, laut darüber nachzudenken, beunruhigt sie...Und wieder andere finden sich durch die Ausreise von
Verwandten, Arbeitskollegen, Freunden unversehens in die Lage versetzt, darüber
nachzudenken, warum sie selbst noch da sind. Wenn dann Grüße aus Hamburg oder
München kommen, sieht man sich unter Umständen plötzlich ohne eigenes Zutun in der
Rolle des Unbeweglichen, des Angepaßten und Anspruchslosen, der keinen Mut zur Veränderung mehr hat. Auch war die Verunsicherung nicht unbeträchtlich, als am 8.März
1985 im "Neuen Deutschland" Leserstimmen zum Thema"Rückkehr in die DDR" abgedruckt
worden waren. Man fragte sich beklommen: Wenn bereits 20 000 Personen die Rückkehr in die DDR erwägen, wie groß muß dann die Zahl derer sein, die insgesamt
ausgereist sind   erst
bzw. deren Antrag noch läuft? Zudem gaben mir das Unverständnis, die geäußerte
Empörung und Verurteilung gegenüber den Ausgereisten zu denken. War damit nicht
ungewollt dokumentiert, wie sehr sich die Hiergebliebenen, die Schreiber getroffen,
in Frage gestellt oder angegriffen fühlten?

Aus dem allen ergibt sich: Weder das Weggehen noch das Hierbleiben versteht sich
von selbst. Über beides muß nachgedacht werden. Das wollen wir jetzt tun. Ich
habe dazu Beiträge von Joachim Garstecki, Manfred Runge, Dr.Heino Falcke und
Luise Kinzel zu Rate gezogen und verarbeitet.

1. Warum stellen Bürger der DDR einen Ausreiseantrag?
   Diese Frage muß sich die sozialistische Gesellschaft der DDR gefallen lassen.
Diese Frage darf nicht unterdrückt, verdrängt oder diffamiert werden. Sie muß als
beunruhigende Problemanzeige ernstgenommen werden, im eigenen Interesse und im
Interesse all derer, die hier bleiben und leben wollen.
Lassen wir zunächst drei Marxisten zu Wort kommen:
- "Durch ständiges Administrieren, durch Versammlungen, die so organisiert sind,
daß unbequeme Fragen ausgeschlossen bleiben, daß Fragen überhaupt nicht so ungeheuer
beliebt sind, sondern daß eine Versammlung darin bestehen soll, daß man einen
reden läßt, ihm mehr oder weniger zuhört und am Ende einer Resolution zustimmt -
dadurch werden eher negative Ergebnisse erzielt...Das Administrieren und das
übermäßige Schulen, das endlose Zuhören und die unzähligen Resolutionen sollten
ersetzt werden durch Diskussionen..." So Stephan Hermlin.
- "Bei uns? So wenig Eigentümliches, überall Klischeeverhalten, Angst vor dem
Wagnis...und alles verplant vom Vater Staat.Wer aus der Reihe tanzt, wird zurück-
gepfiffen. Das macht mir Angst...Wenn wir wirklich dialiktisch denken würden,
könnten wir begreifen, wohin das führen muß, nämlich wie in der Biologie: Dort
führt Einengung und Abschirmung zum Absterben der Arten..." So Maxi Wander.
- "Manche betreiben dauernd Schönfärberei...Wenn Presse, Fernsehen und Rundfunk
in einer sozialistischen Gesellschaft immer nur "für" und so selten "gegen"
kämpfen, dann macht das lustlos und ermüdet." So Jürgen Kuczynski.
Ich meine, hier kommt einiges zum Ausdruck, was in diesem Land Mühe macht.
Administrieren statt diskutieren, Resolutionen anstelle eigner Meinung,
Angst vor dem Wagnis, Einengung und Abschirmung, Schönfärberei, um einige Begriffe
noch einmal aufzunehmen.
Hinzu kommen eine Reihe von Enttäuschungserfahrungen schwerwiegender Art. Gerade
bewußt lebende und verantwortlich denkende Menschen leiden darunter, daß unser
Staat, wie Heino Falcke schreibt, hinter den Hauptaufgaben unserer Zeit:
Globale Gerechtigkeit und Naturbewahrung, weit zurückbleibt.
Auch stimmen die permanenten Beschwörungen der sozialistischen Errungenschaften
in allen Medien oft nicht mit den realen Erfahrungen vieler Bürger an der Basis
überein. Die Allgegenwart und allseitige Vermittlung einer Weltanschauung, die den
Staat zu einer quasi-religiösen Institution werden lassen, die den unablässigen
Dank und die Verehrung seiner Bürger wünscht oder gar fordert, ist vielen unzer-
träglich geworden. Hinzu kommen Frustrationserfahrungen im Arbeitsprozeß, bei
Reiseanträgen, in Wohnungsfragen, Gefühle von Angst des Einzelnen gegenüber
dem so totalen Staat... Kurz: Könnte der Ausreiseantrag bei vielen eine Reaktion
auf zu viel Staat bei uns sein? Ausreiseantrag in Ermangelung anderer Möglichkeiten?

Hierüber muß nachgedacht werden. Vor allem von denen, die weiterhin dieses Land
regieren und verwalten und denen, die weiterhin hier leben und bleiben wollen.
Daneben gibt es eine Reihe von Ausreiseanträgen, die so eindeutig sind, daß wir
alle sie vermutlich verstehen können:
Familienzusammenführungen, Krankheiten, die eine Spezialbehandlung erfordern,
schwere Konflikte und Leiderfahrungen mit und an der Staatsmacht, verletzende
und entwürdigende Behandlung durch Behörden.
Und natürlich gibt es auch trügerische Hoffnungen, schillernde Sehnsüchte nach einem
radikalen Neuanfang vermittels Grenzübertritt. Wer wollte das in Abrede stellen.

Nach diesem unvollständigen Versuch einer Sichtung und des Ernstnehmens der Gründe
mein 2. Punkt:
Was ist im Fall des Weggehens oder Hierbleibens zu überlegen?
Ich möchte keine Systemgegenüberstellung, kein Abwägen von Vorzügen und Nachteilen
hüben und drüben. Ich möchte bewußt ganz Persönliches ansprechen. Es ist
zu überlegen:
-Ist die Übersiedlung in den Westen wirklich der Ausweg aus meinen wirklichen
 Problemen? "Ortswechsel hilft dir doch nicht aus deiner Haut", sagt Hemingwey.
-Wer vertritt mich hier, wenn ich gehe: in der Familie, Verwandtschaft, in der
 konkreten christlichen Gemeinde, an meinem Arbeitsplatz?
-Wer spricht das aus, was ich inzwischen zu sagen wage? Wieviel Resignation löst
 mein Weggang aus? Wieviele werden nun noch mehr ins Schweigen geraten?
-Wieviel Engagement für Frieden, wieviel Lebensmut und Fähigkeit, Konflikte auszu-
 halten, wieviele gute Gedanken gehen diesem Land verloren?
-Was wird aus dieser sozialistischen Gesellschaft, wenn sich die kritischen
 Künstler, Dichter und Denker, Arbeiter und Bauern, Angestellten, Freiberuflichen
 und Ärzte zurückziehen oder in den Westen gehen? Schmälern sie nicht, ohne es zu
 wollen, die Lebenserwartung des kleinen Senfkorns Hoffnung unter uns allen?
 Könnten diese Überlegungen, besonders auch für Nichtchristen, schon ein Anstoß,
 eine Motivation zum Hierbleiben werden?
Denn das ist nun tatsächlich am wichtigsten und am schwierigsten:

3. Was ermutigt zum Bleiben?

Es wäre von der Sache her leichter zu formulieren: Was verpflichtet zum Bleiben?
Aber schon dieses Wort "Verpflichtung" hat solch einen Klang, der austreibende
bzw. abschaltende Wirkung hat. Darum sage ich : Was ermutigt zum Bleiben?
Soll ich nun von "Heimat" und "Vaterland" sprechen? Das spielt natürlich eine Rolle
in uns allen. Aber in einem geteilten Vaterland und in einer bei vielen durch die
Kriegsfolgen diktierten Heimat davon zu sprechen ist ohnehin nicht einfach.
Wie finde ich den Weg zum Bleiben? Ich finde ihn nicht über lückenloses Verschließen
der Grenzen, nicht über Verpflichtungen, nicht über die entwerteten Begriffe "Treue
zum sozialistischen Vaterland", nicht über die immer wieder fast beschwörend
gebrauchte Formel von der Überlegenheit des sozialistischen Systems.
Ich finde den Weg zum Bleiben nur dort, wo ich auch sonst den Mut zum Leben und die
Ermutigung zu Wort und Tat finde. Ich denke da besonders an eine Situation, die
im Johannesevangelium (6, 67-69) geschildert wird:

"Da fragte JESUS die Zwölf:'Wollt ihr auch weggehen?' Da antwortete IHM Simon
Petrus: 'HERR, wohin (zu wem) sollten wir gehen? DU hast Worte des ewigen Lebens;
und wir haben geglaubt und erkannt, daß DU der Heilige GOTTES bist."

Ja, liebe Gemeinde, liebe Zuhörer: Wohin sollten wir gehen? Wo ist das Land unserer
Träume, das Land der Erfüllung? Ich kann das gelobte Land auf unserem Globus auch
heute nicht finden;trotz aller tatsächlichen, graduellen Unterschiede nicht.
Aber ich weiß, daß auf unserem Globus DER zu finden ist, DER uns Menschen Heimat
und Halt geben kann. ER ist nicht systemgebunden. ER ist nicht abhängig von Pässen
und visa. ER ist in umfassendem Sinn grenzüberschreitend. ER ist also auch bei uns
in der DDR zu finden.
Wer wie Petrus den Heiligen GOTTES in JESUS CHRISTUS erkannt hat, kann überall auf
dieser Erde leben, also auch hier in der DDR. Denn an jedem Ort gibt ihm das
Vertrauen zu JESUS Heimat und Halt, Mut zum Leben, Ermutigung zu Wort und Tat.

Unter dieser Voraussetzung sehe ich sinnvolles Bleiben. Denn solches Bleiben ist
nicht von äußerer Anpassung und innerer Emigration bestimmt, ist kein gleich-
gültiges Hinnehmen, enttäuschtes Ertragen oder verbittertes Sich-Abfinden.

Solches sinnvolles Bleiben kann nur ein kritisches Bleiben sein, gekennzeichnet
von dem Bemühen um"kooperativen Protest" und um die stetige Balance zwischen
Sich - Einmischen und Sich - Verweigern,
zwischen Resignation und Akklamation, zwischen "Widerstand und Ergebung":
getragen von dem Vertrauen zu JESUS, DER uns Heimat und Halt ist, schon
hier und schon jetzt.
Und ein persönliches Wort zum Schluß:
Für mich war es und ist es eine positive Herausforderung, hier in der DDR zu
leben! Ich brauche das Sich-Einsetzen, die Schwierigkeit von der Sache, nicht
von Privilegien o.ä. her. An Schwierigkeiten wächst man, bin auch ich stärker
geworden. Hier haben wir Erfahrungen gesammelt, hier kennen wir die Argumente und
Verhältnisse. Wer sonst könnte in diesem Land etwas ändern, wenn nicht wir, die
wir "von hier" sind? Manchen schwebt die politische Vision eines "verbesserlichen
Sozialismusses" vor. Man wird sehen. Ich jedenfalls habe in meinem ganzen bisherigen
Leben immer wieder erfahren: Kämpfen lohnt, der Kleinglaube wird beschämt.

                                    Im Psalm 65 heißt es in den
                                    Versen 6 - 9:

"GOTT, unser Heil,
DER DU bist die Zuversicht aller auf Erden und fern am Meer;
DER DU die Berge festsetztest in DEINER Kraft...
DER DU stillst das Brausen des Meeres... und das Toben der Völker...:
DU machst fröhlich, was da lebt im Osten und im Westen."

Diese Erfahrung wünsche ich uns hier im Osten und denen im Westen.

                    Amen.

```
                    - Abschrift -


Friedrich Magirius
                                Leipzig, am 15. August 1988

An die Gruppen im Synodalausschuß "Frieden und Gerechtigkeit"


Liebe Freunde !

Die Nikolaikirchgemeinde übernimmt nach der Sommerpause
Durchführung und Verkündigung der Friedensgebete selbst.

Die meisten Teilnehmer an den Zusammenkünften sind nicht
interessiert und engagiert an den Fragen "Frieden -
Gerechtigkeit - Bewahrung der Schöpfung" im Sinne des
konziliaren Prozesses, sondern erwarten von der Kirche,
daß diese sich für ihre Probleme einsetzt. So wenig wir
konkret helfen können, wollen wir uns doch dafür einsetzen,
daß diejenigen, die einen Antrag auf Entlassung
aus der Staatsbürgerschaft gestellt haben, nicht ins Ab-
seits gedrängt werden. Doch dem Einzelnen können wir im
Grunde nur helfen mit der uns anvertrauten Botschaft des
befreienden Evangeliums, das seine Gültigkeit in jeder
Gesellschaftsordnung hat. Einige Gruppen haben sich seit
der veränderten Situation ohnehin nicht mehr an der Ge-
staltung der Friedensgebete beteiligt, anderen scheint
die Aufgabe belastend zu sein.

So bitte ich darum, daß sich die Gruppen in der nächsten
Zeit verstärkt ihren spezifischen Aufgaben zuwenden, wie
sie etwa in den zwölf Themenbereichen der konziliaren
Versammlung von Dresden aufgenommen worden sind. Ich wäre
dankbar, wenn durch Gespräche und Impulse mehr noch die
Gemeinden unserer Stadt in den Prozeß einbezogen werden
könnten. Denn gemeinsam mit allen, die hier bleiben,
wollen wir doch verantwortlich das Leben in unserer Ge-
sellschaft verändern und verbessern.

Als nächste Aufgaben stehen die Weiterarbeit zur oeku-
menischen Versammlung von Magdeburg und die Vorbereitung
der Friedensdekade an.

                    Mit den besten Grüßen
                    Schalom!

                        (Unterschrift Magirius)


   für die Richtigkeit
   der Abschrift :
```

Abend für den Frieden, 11.XI. 1988, St. Nikolai

Liebe Freunde des Friedens!
Der Abend für den Frieden hat begonnen. Am Anfang steht eine Erklärung, die seit spätestens gestern abend nötig geworden ist.
Wer regelmäßig von Sonntag bis gestern die Friedensgebete besucht hat, wird die eigenständigen Beiträge und Inhalte sowie die sehr unterschiedlichen Besucherzahlen registriert haben. Kein Pfarrer, auch ich nicht, hat sich in das Geschehen eingemischt. So konnte sich jeder Hörer sozusagen ein "unverfälschtes" Bild davon machen, was unter dem Begriff "Friedensgebet" geschah.
1. Inwieweit die Informationen vom Sonntag und Montag einer konstruktiv kritischen Absicht entsprangen oder gar dem Frieden dienten, möge jeder selbst entscheiden.
2. Am Tag des Pogromgedenkens, Mittwoch, wurden am Ende des Friedensgebetes Blätter verteilt, ohne daß wir von dieser Tatsache, geschweige denn vom Inhalt auch nur andeutungsweise informiert worden sind. Wir können uns davon nur distanzieren. Einige scheinen unsere Kirche mit einem Warenumtauschplatz zu verwechseln.
3. Was wir gestern abend hier erlebten, läßt auch bei weitherzigster Auslegung den Begriff "Friedensgebet" nicht mehr zu. Bibeltext, Gebet, Segen, Glaubensbezug überhaupt: Fehlanzeige. Statt dessen gab es -neben einem guten Einstieg und zwei inhaltlich durchdachten Beiträgen- einen bösen Angriff auf den vorherigen Jugendpfarrer, eine völlig sinnentstellte Darstellung der 83iger Vorgänge in unserer Kirche und ein sogenanntes Fürbittengebet, das zur Propagierung des Unglaubens, zu Tips für das Verhalten bei der nächsten Wahl und zu provokativ-politischen Appellen entartete. Wobei ich bei Provokationen dieser Art nach wie vor nicht weiß, von wem sie eigentlich kommen. Man kennt diese Menschen gar nicht... Die Kirche wurde zum Plenarsaal herabgewürdigt. Wie zum Hohn stand mir das Thema der Friedensdekade vor Augen: "Friede den Fernen und Friede den Nahen".

Sicherlich ist nun die Handvoll Personen, die unter dem Deckmantel einer Gruppe die Entchristlichung des Friedensgebetes betrieben, dicht vor ihrem Ziel. Andere wohl auch...
Nun kann ich nur über all dem das Wort ausrufen Eph. 2, 14: "CHRISTUS ist unser Friede". Möge ER heute und in den nächsten Tagen besonders unter uns sein.

C.F., 17.3oh

Basisgruppen-Mitglieder protestieren spontan während eines Friedensgebetes für ihre Wiederbeteiligung an den Friedensgebeten, 24. Oktober 1988

◄ Die Friedensdekade im Herbst 1988 wurde von den Basisgruppen mitgestaltet, wobei es wieder zu Konfrontationen kam. Pfarrer Christian Führer kritisierte in diesem offenen Brief nicht gegen das politische Engagement der Gruppen allgemein, sondern die Form des Vortrags. Als Pfarrer war ihm friedfertiges Miteinander in der Kirche wichtig. Allerdings wird hier auch ersichtlich, dass die Kirche eine offene Konfrontation mit der Staatsmacht nicht als ihren Weg betrachtete. So enthielt das unter Punkt 2 angesprochene und kritisierte Flugblatt einen indirekten Vergleich der restriktiven SED-Herrschaft mit den Nationalsozialisten der NSDAP. Verteilt hatten es Mitglieder der Basisgruppe AK Gerechtigkeit.

Ev.-Luth. Kirchgemeinde
St. Nikolai - St. Johannis

Pfarrer C. Führer

Pfarrer
Christian Führer
7010 Leipzig
Nikolaikirchhof 3

7010 LEIPZIG, am 8.XII. 1988
Nikolaikirchhof 3 · PSF 728
Telefon 20 09 52

Betr.: Friedensgebet montags 17.oo Uhr
in St. Nikolai

Die Friedensgebete sollen von den im "Bezirkssynodalausschuß für
Frieden und Gerechtigkeit" der Bezirkssynode Leipzig Ost vertre-
tenen Gruppen gestaltet werden.

Basierend auf dem Gesprächsergebnis vom 21. November 1988 (Gespräch
des Kirchenvorstandes mit Vertretern des Bezirkssynodalausschusses
und Gruppenvertretern) und dem Antrag des Bezirkssynodalausschusses
vom 26. November 1988
hält der Kirchenvorstand St.Nikolai - St.Johannis das Folgende für
konsensfähig und für eine tragfähige Grundlage zur weiteren Gestaltung der Friedensgebete an St. Nikolai:

A) GRUNDSÄTZE

1. Personen oder Gruppen bzw. die von ihnen geäußerten Inhalte
   dürfen dem Evangelium vom Kreuz CHRISTI als Wort von der Versöhnung nicht widersprechen und müssen auf dem Boden der Gebote
   GOTTES insoweit stehen, als sie "Leben erhalten" wollen.

2. Zu diesen Erwartungen gehört ein Mindestmaß an Konstruktivität.
   Wirklichkeitsbeschreibungen, die lediglich in Ausweglosigkeit
   enden, widersprächen der geforderten Mindestübereinstimmung mit
   dem Auftrag der Kirche.

3. Auch die Formen des Auftretens müssen mit den Inhalten in Ein-
   klang zu bringen sein. Das betrifft z.B. Herabwürdigung anderer
   oder Formen der Auseinandersetzung.

4. Die Spielregeln des Zusammenlebens in der Kirche müssen akzeptiert
   werden. Das heißt z.B., es muß Toleranzbereitschaft gegenüber
   anderen Aktivitäten und Positionen in der Kirche erwartet werden.

5. Die Verteilung von Vervielfältigungen und Druckerzeugnissen in
   der Nikolaikirche ist untersagt. Ausnahmen liegen in der Verantwortung der unten unter "zu 6." genannten Personen.

B) ABLAUF, ORDNUNG

   1. Begrüßung durch einen Pfarrer an St. Nikolai

   2. Lied

   3. Schriftlesung

   4. Auslegung durch einen ordinierten Pfarrer und der
      jeweiligen Gruppe unter Verantwortung des Pfarrers

   5. Gebet

   6. Informationen, Abkündigungen

   7. Sendungswort

   8. Lied

b.w.

Konto: 5602-39-858 (Zentrale Kassenstelle)   Betriebsnummer 9529 4199

III-18-167 Lp G 321-81

zu 6.: Die Verantwortung für den Informationsteil soll getragen werden von:

- Begrüßungspfarrer

- 1 Mitglied des Kirchenvorstandes St.Nikolai-
St.Johannis

- 1 Mitglied der jeweiligen Gruppe

- Pfarrer Dr. Berger bzw. einem Vertreter

Bei Bedenken von KV-Mitglied und Begrüßungspfarrer können diese nicht überstimmt, und die entsprechende Information kann am betreffenden Montag nicht gegeben werden.

Der Planungszeitraum soll 2 Monate betragen, wobei der Plan 1 Monat vor dem Zeitraum dem Kirchenvorstand vorzuliegen hat.

Die Aufstellung des Planes geschieht in der Verantwortung des Bezirkssynodalausschusses.

Die Kirchgemeinde St. Nikolai - St. Johannis gestaltet in der Regel einmal monatlich das Friedensgebet.

C) Verfahren

Die Mitglieder des Bezirkssynodalausschusses und die Gruppenvertreter erhalten dieses Schreiben und werden damit aufgefordert, bis zum 6. Januar 1989 schriftliche Rückäußerungen oder eine kurze Einverständniserklärung dem Kirchenvorstand zukommen zu lassen, damit die Friedensgebete möglichst bald nach dem vereinbarten Konsens fortgeführt werden können.

Pfarrer..........
Kirchenvorstand / Vorsitzender

Leipzig, o8. Dezember 1988

An den Landesbischof:

"Soweit sind die Dinge nun gediehen. Wir meinen, daß bei Zustimmung der Gruppen eine verantwortbare Ordnung entstanden ist. Die Gruppen, die dem gemeinsam errungenen Konsens ihre Zustimmung nicht geben können, haben sich damit selbst vom Friedensgebet und dessen Gestaltung ausgeschlossen."

Verteiler:
Landesbischof Dr. Hempel
OKR Auerbach
11 × KV
Sup. Richter
Pf. Wugk
Dr. Kalisch
Ronteleri
Reinland
Volker

edensg
m Niko
Judende
walt

UND
17 Uhr Friedensgebet in der NIKO
18 Uhr Nikolaikirche
Demonstration
13. und 20. Oktober
Bundesweiter Aktionstag am 1. November in Berlin
STUDENT INNEN

Stopp
der

Friedensgebet
zum
Welttierschutztag
am Montag, dem 8. Oktober 2001 um 17.00 Uhr in
Nikolaikirche
Menschen und Tiere sind herzlich eingel

Leid der Tiere -
Leid de

Gestaltung: Tierschutzverein Leipzig,
Pfarrer Dr. Seidel und alle

MENSCH
RD

KRIEG - NO WAR

Demonstration gegen den Irakkrieg im Anschluss an ein Friedensgebet, 14. April 2003

thematisiert, an die sich Mahnwachen und Demonstrationen anschlossen. Das Thema Kriege fand seither kein Ende. Bis zu seinem Ruhestand im Jahr 2008 war Pfarrer Christian Führer mit der Koordination der Friedensgebete betraut. Heute liegt die Verantwortung bei Nikolaipfarrer Bernhard Stief.

Derzeit teilen sich über 30 verschiedene Gruppen und Bürgerinitiativen die Gestaltung. Dementsprechend vielfältig ist das inhaltliche Spektrum. Es berührt Themen von der Mahnung gegen Krieg und Armut über Fragen der Integration bis zum Tier- und Umweltschutz.

Die Friedensgebete haben nach wie vor nicht an Aktualität eingebüßt. Das zeigte sich 2015 erneut in aller Deutlichkeit, etwa in der Debatte um die Zuwanderung von Flüchtlingen und die aufkeimende Fremdenfeindlichkeit. Die Botschaft der Gewaltlosigkeit aus der Bergpredigt ist zeitlos gültig und wird von weiten Teilen der Gesellschaft geteilt, wie der starke Zulauf bei den Friedensgebeten bezeugt, in denen es um diese und andere brennend aktuelle Themen geht.

Die Geschichte des Friedensgebets zeigt, dass das Prinzip der Gewaltlosigkeit zu einem wirksamen Mittel gegen aggressiv

ausgetragene Konflikte werden kann, das auch aus der Kirche hinaus zu wirken vermag. Die Kirche selbst kann in schwierigen Situationen und Zeiten der Ratlosigkeit ein Zufluchtsort sein.

Wo Probleme, Sorgen und Angst offen vor Gott ausgesprochen werden können, entstehen Hoffnung und Mut. Wege zur Lösung tun sich auf – Gottesdienst im Alltag der Welt.

Mahnwache vor der Nikolaikirche für die im Irak entführten Ingenieure René Bräunlich und Thomas Nitzschke, 2006

▲ Am 24. Januar 2006 wurden die beiden Leipziger Ingenieure René Bräunlich und Thomas Nitzschke im Irak als Geiseln genommen. Über mehrere Wochen wurden Friedensgebete und Mahnwachen für sie abgehalten, an denen sich auch Mitglieder einer muslimischen Studentengemeinde beteiligten. Nach 99 Tagen wurden die beiden freigelassen und mit Dank und Jubel in Leipzig begrüßt.

Termine	Gruppe/Anliegen	Predigt/Ansprechpartner
12.01.2009	Aktionsbündnis für die Universitätskirche	
19.01.2009	Liebknecht – Luxemburg - Demo 19. Jan. 1989	KV St. Nikolai
26.01.2009	Gedenktag für die Opfer des NS Trägerkreis Friedensgebete	Jüdisch- Christlich Arbeitsgemeinsch.
02.02.2009	Zur Jahreslosung (?)	Posaunenchor
09.02.2009	Ev. Kindergärten in Leipzig	Frau Annett Müller
16.02.2009		
23.02.2009	Weltgebetstag der Frauen	Frau Liane Plotzizka-Kämpf
02.03.2009	Woche der Brüderlichkeit	Jüdisch-Christliche Arbeitsgemeinsch.
09.03.2009	„Fasten"	Hauskreis Propstei
16.03.2009	Schulbildung der Roma in Rothberg-Roşia/Sibiu	Dr. Arndt, Pfr. Toaspern Pfr. Dr. Haubold, Pfr. Schlattner
23.03.2009	Mittelamerika Initiative	Frau Maruschka, Frau Purrer
30.03.2009	KEL (Kirchliche Erwerbsloseninitiative Leipzig)	Frau Klein
06.04.2009	Arbeitsgruppe Recht auf Wohnen	Cordula Rosch Bündnis 90/Die Grünen
13.04.2009	Ostern	
20.04.2009	Jugendpfarramt	Herr Pierre Schüssler
27.04.2009	Abschluss der Ökumenischen Versammlung 1989	Pax Christi
04.05.2009	Letzte Kommunalwahl der DDR Mai 1989	Herr Pfr. Stief
11.05.2009	Tansania	Herr Pfr. Krause
18.05.2009	Orientierung	Sr. Susanne Schneider
25.05.2009	Massaker auf dem Platz des Himmlischen Friedens '89	Cordula Rosch Bündnis 90/Die Grünen
01.06.2009	Pfingsten	
08.06.2009	Pleißemarsch 1989	Ökolöwe
15.06.2009	Taize-Gebet	Frau Ch. Gauglitz
22.06.2009	Jüdische Woche	Jüdisch-Christliche Arbeitsgemeinsch
29.06.2009	Statt-Kirchentag in Leipzig 1989	KV St. Nikolai
06.07.2009	HUK zum Christopher Street Day	Frau A. Lehmann
31. 08. 2009	Vor 70 Jahren Beginn der Euthanasie	Behindertenverband
01.09.2009	Vor 70 Jahren: Angriff auf Polen und Beginn des 2. Weltkrieges	Sup. i. R. Magirius Stadtökumenekreis
07.09.2009	Eine Welt Sachsen e.V.	Frau Christine Müller
14.09.2009	„Keine Gewalt"	AG Friedensdienste
21.09.2009	Ökumenischer Gottesdienst zur Eröffnung der Interkulturellen Woche	Stadtökumenekreis, Herr Braun
28.09.2009	Flüchtlingsrat e.V.	Pater Knüfer, Frau Brogiato
04.10.2009	Friedensgebet zum Welttierschutztag	Herr Pfr. Dr. Seidel
09.10.2009	zum 9. Oktober	KV St. Nikolai
12.10.2009	Zum Internationalen Tag der seelischen Gesundheit	Herr J. Wonneberger
19.10.2009	Initiativgruppe „Internationaler Tag zur Überwindung der Armut"	SHIA e.V./ATD vierte Welt e.V. Frau Fischer / Herr Brönner
26.10.2009	ACAT (Aktion der Christen für die Abschaffung der Folter e.V.)	Frau Almut Meier
02.11.2009	Baum für bei der Arbeit tödlich verunfallte Bauarbeiter	W. Neuschäfer (Nagelkreuz)
08.11.2009	9.30 Uhr Bittgottesdienst für den Frieden	Pfr. Stief, Sup. Henker?
09.11.2009	71. Jahrestag der Reichspogromnacht / Kerzenweg	Jüdisch-Christliche Arbeitsgemeinsch.
10.11.2009		
11.11.2009	Grenzen	Herr Pfr. Stief
12.11.2009		
13.11.2009	Lange Nacht für den Frieden	Jugendpfarramt
16.11.2009	Mittelamerika-Initiative	
17.11.2009	Gebet für verfolgte Christen	W. Neuschäfer (Nagelkreuz)
18.11.2009	Abschluss der Friedensdekade – Buß- und Bettag	Pfr. Stief, Sup. Henker?
23.11.2009	Friedenszentrum	Frau Dr. Hartinger
30.11.2009	Aids-Hilfe Leipzig	Frau Gödicke, Pfr. T. Krause
07.12.2009	Behindertenverband	Herr Jähnig
14.12.2009	„Achten statt Ächten"	Caritasverband Leipzig

LITERATUR- UND QUELLENVERZEICHNIS

Czok, Karl [Hrsg.]:
Nikolaikirche — offen für alle: Eine Gemeinde im Zentrum der Wende / hrsg. von Karl Czok. – Leipzig:
Evang. Verl.-Anst., 1999. – 364 S.: Ill.
ISBN 978-3-374-01740-9

Dietrich, Christian [Hrsg.]:
Freunde und Feinde: Friedensgebete in Leipzig zwischen 1981 und dem 9. Oktober 1989; Dokumentation /
hrsg. von Christian Dietrich und Uwe Schwabe.
Im Auftrag des Archiv Bürgerbewegung e. V. Leipzig. Mit einem Vorw. von Harald Wagner. – Leipzig:
Evang. Verl.-Anst., 1994. – 571 S.
ISBN 978-3-374-01551-1

Falcke, Heino:
Mit Gott Schritt halten: Reden und Aufsätze eines Theologen in der DDR aus zwanzig Jahren / Heino Falcke.
Mit e. Einf. von Albrecht Schönherr. – Berlin: Wichern, 1986. – 293 S.
ISBN 388-981-024-1

Führer, Christian:
Frech — fromm — frei: Worte, die Geschichte schrieben / Christian Führer. Mit einem Vorw. von
Margot Käßmann. – Leipzig: Evang. Verl.-Anst., 2013. – 243 S.
ISBN 978-3-374-03743-8

Führer, Christian:
Und wir sind dabei gewesen: die Revolution, die aus der Kirche kam / Christian Führer. Unter Mitarb. von
Anne Ascher und Patricia Holland-Moritz. – Berlin: Ullstein, 2010. – 334 S.: Ill.
ISBN 978-3-548-60984-3

Geyer, Hermann:
Nikolaikirche, montags um fünf: die politischen Gottesdienste der Wendezeit in Leipzig / Hermann Geyer. –
Darmstadt: Wiss. Buchges., 2007. – X, 374 S.
ISBN 978-3-534-18482-8

Hanisch, Günter [Hrsg.]:
Dona nobis pacem: Herbst '89 in Leipzig; Friedensgebete, Predigten und Fürbitten / hrsg. von
Günter Hanisch. – 2., korr. Aufl. – Leipzig: Evang. Verl.-Anst., 1996. – 208, [16] S.: Ill.
ISBN 978-3-374-01171-1

Jankowski, Martin:
Der Tag, der Deutschland veränderte: 9. Oktober 1989 / Martin Jankowski. – 2., überarb. Aufl. – Leipzig:
Evang. Verl.-Anst., 2009. – 172 S.: Ill. ; 190 mm x 120 mm.
(Schriftenreihe des Sächsischen Landesbeauftragten für die Stasi-Unterlagen)
ISBN 978-3-374-02506-0

Neubert, Erhart:
Geschichte der Opposition in der DDR 1949–1989 / Ehrhart Neubert.— 2., durchges. und erw. sowie korr.
Aufl. – Bonn: Bundeszentrale für Politische Bildung, 2000. – 969, XL S.: Ill.
(Schriftenreihe der Bundeszentrale für Politische Bildung)
ISBN 978-3-893-31294-8

Pausch, Andreas Peter [Hrsg.]:
Widerstehen: Pfarrer Christoph Wonneberger / Andreas Peter Pausch. Hrsg. von Uwe Schwabe im Auftr. des
Archiv Bürgerbewegung Leipzig e. V. – Berlin: Metropol Verl., 2014. – 256 S.: Ill.
ISBN 978-3-863-31184-1

Stiftung Friedliche Revolution [Hrsg.]:
Das Revolutionsjahr 1989: Ein Lesebuch mit Jahreschronik / hrsg. von der Stiftung Friedliche Revolution.
Christian Führer; Gesine Oltmanns, Bettina Röder, Hans-Jürgen Röder. – Leipzig: Stiftung Friedliche
Revolution, 2014. – 208 S.: Ill.
ISBN 978-3-000-46724-0

Swoboda, Jörg [Hrsg.]:
Die Revolution der Kerzen: Christen in den Umwälzungen der DDR / zsgetragen u. hrsg. von
Jörg Swoboda.— 3. Aufl. – Wuppertal [u. a.]: Oncken, 1992. – 320 S.
(ABC-Team)
ISBN 978-3-789-32460-4

Tetzner, Reiner:
Kerzen-Montage verändern die Welt: Warum die Waffen wirklich schwiegen / Reiner Tetzner. – Leipzig:
ed. vulcanus, 2009. – 319 S.: Ill.
ISBN 978-3-932-55897-9

Veen Hans-Joachim [Hrsg.]:
Lexikon Opposition und Widerstand in der SED-Diktatur / hrsg. von Hans-Joachim Veen. – Berlin;
München: Propyläen-Verl., 2000. – 455, [16] S.: Ill.
ISBN 978-3-549-07125-0

Teil III | DIE FRIEDENSGEBETE – ZEITZEUGINNEN UND ZEITZEUGEN ERINNERN SICH

Die folgenden Interviews sind Auszüge aus Video-Interviews, die in der Daueraustellung in voller Länge gesehen werden können.

WENN MENSCHEN FREI WERDEN, DANN IST DA GOTT MITTENDRIN

Heino Falcke

Der evangelische Theologe Heino Falcke (*1929) war von 1973 bis 1994 als Propst in Erfurt tätig. Er gilt als bedeutender Denker und Mahner der Kirchen in der DDR. Auf der VI. Vollversammlung des Ökumenischen Rates der Kirchen (Weltkirchenrat) 1983 in Vancouver stieß er mit anderen zusammen den Konziliaren Prozesses an. Noch heute wirbt er für ein gesellschaftliches Engagement der Kirchen gegen die weiterhin bestehende globale Krise. In seinem Interview spricht er über Hintergründe der ökumenischen Arbeit in der DDR und die zeitlose Ausdruckskraft der Friedensgebete für Mensch und Gesellschaft.

Der Konziliare Prozess als weltweite Initiative gegen die globale Krise

Die ökumenische Bewegung hat für uns Kirchen in der DDR eine ganz große Rolle gespielt. Der Kontakt mit dieser Weltchris- tenheit hat uns den Blick über die Mauer in die Welt eröffnet. Und in dieser Welt spitzten sich vor allem drei Entwicklungen zu: Das war zum Ersten der Ost-West-Konflikt in den 1980er Jahren durch die Nachrüstung der Mittelstreckenraketen. Als Zweites bestand die Ungerechtigkeit im Nord-Süd-Verhältnis. Als Drittes kam dazu die wachsende ökologische Katastrophe. Alle drei sind Entwicklungen, die uns noch heute beschäftigen. Und wir sagten uns damals, wir müssen eine Initiative der ökumenischen Bewegung haben, die alle drei Probleme in ihrem Zusammenhang sieht und behandelt. Ich habe die Initiative in der DDR ergriffen und dann haben die Delegierten der DDR-Kirchen diese Idee, eine konziliare Bewegung – also eine Bewegung auf ein Konzil hin – in Gang zu setzen, in die Vollversammlung des ökumenischen Rates der Kirchen, 1983 in Vancouver, eingebracht. Inspiriert war diese Idee durch Diedrich Bonnhoeffer, der 1934 schon

die Gefahr des 2. Weltkrieges im Blick hatte. Die ökumenische Vollversammlung stimmte diesem Vorhaben zu und hat dann beschlossen, diesen Konziliaren Prozess in Gang zu bringen.

Ökumenische Versammlung als gesellschaftliche Initiative in der DDR

In der DDR war es nun so, dass Mitte der 1980er Jahre die Gesellschaft in eine Krise geriet. Wir hatten eine Initiative von Gorbatschow, die Perestroikapolitik, also eine Reformpolitik für alle sozialistischen Länder in Osteuropa, nicht nur in Russland. Die DDR-Regierung wehrte sich dagegen, sie versperrte sich, sie erstarrte. Und da haben sich die Kirchen zusammengeschlossen. Da kam es zu einer DDR-Ökumene und einer Ökumenischen Versammlung. Wir haben diese Zielsetzung aus dem Konziliaren Prozess übernommen und 1987 einen Aufruf in

die Öffentlichkeit gegeben, sich für diese Ziele zu engagieren, damit diese Unruhe in der Gesellschaft nicht zu einer chaotischen Auflösung der Gesellschaft wird, sondern eine konstruktive Zielrichtung bekommt. Dieser Aufruf war nicht nur an die Kirchen adressiert. Wir bekamen dann aus der DDR über 10.000 Antworten. Und in den 10.000 Antworten standen noch ganze Gruppen dahinter und es zeigte sich zum ersten Male in der DDR, wir haben eine Zivilgesellschaft, eigenständig denkend und aktionsbereit. Und dann trat die Ökumenische Versammlung der Kirchen zusammen und erarbeitete ein Konzept. Aus den Akten, die heute offen liegen, wissen wir, dass die Beurteilung seitens Stasi und des Politbüros die folgende war: Was die da erarbeitet haben ist der radikalste und umfassendste Entwurf für eine Veränderung der DDR-Gesellschaft, den es bisher gegeben hat. Dazu muss gesagt werden, dass der Ansatz der Ökumenischen Versammlung, dieser ganzen ökumenischen Initiative dem kapitalistischen Westen ja genauso kritisch gegenüber war, wie dem diktatorischen Osten. Wir wollten also nicht einen Systemwechsel vom Sozialismus zum Kapitalismus, sondern wir wollten eine Veränderung beider Gesellschaften, weil das global nötig war.

Über das Verhältnis von Kirche und Staat in der DDR

Man fragt sich ja immer, wie war das eigentlich möglich, dass diese Herbstrevolution von den Kirchen ausging? Das gründet darin, dass sich die Kirchen in den 40 Jahren DDR als staatsfreier Raum behauptet haben. Der Staat wollte, dass sich die Kirche im Privaten aufhält und auf diesen privaten Raum beschränkt. Religion ist Privatsache, das war der verfassungsrechtliche Begriff, also keine Einmischung in die Politik. Und dafür garantierte der Staat in einer großen Verhandlung 1978 der Kirche: Wir mischen uns bei euch auch nicht ein. Darauf wurde in den Kirchen unterschiedlich reagiert. Es gab in der Kirche die Möglichkeit eines freien Gesprächs, man konnte seine Meinung sagen, man konnte sich austauschen. Und eben auch diese friedensethischen Debatten, die ich vorhin schon einmal ansprach, konnten in der Kirche laufen. Schwerter zu Pflugscharen – als das in den 1980er Jahren von der Jugendarbeit der evangelischen Landeskirchen angestoßen wurde, das war Gesprächsstoff in den Schulen. Und die Schüler fragten die Christen in ihren Klassen: Sagt mal, was ist denn da bei euch los? Und bei Friedensdekaden, wo das thematisiert wurde, da waren die Kirchen überfüllt.

Das Friedensgebet als offener Gottesdienst

Da war Kirche wirklich Kirche für andere. Das war ja das Bonhoeffer'sche Wort, das leitend war für die Kirchen in der DDR: „Die Kirche ist nur Kirche, wenn sie für andere da ist." Und unsere Kirche war niemals eine bessere Kirche für andere, als bei diesen Friedensgebeten. Und wenn diese Veranstaltungen erreicht haben, dass diese Leute aus sich heraus gehen, also ein Befreiungsgeschehen, dann ist das wirklich eine christliche Angelegenheit. Wenn Menschen frei werden, dann ist da Gott mittendrin. In Magdeburg im Dom, bei einem Friedensgebet, ist es passiert, dass in der Phase, als Leute ans Mikrofon gehen konnten, dass da ein Jugendlicher ans Mikrofon ging und sagte – ich muss es mit eigenen Worten wiedergeben: Also ich weiß eigentlich nicht, was ein Gebet ist und ich weiß auch nicht, ob ich an Gott glaube, aber draußen in dem Wagen der Kampfgruppen sitzt mein Vater und ich bitte darum, dass wenn wir aus dem Dom gehen, er nicht auf mich schießen muss. Ja, das hat da einer ausgesprochen. In dieser existentiellen Bedrängnis, hat er seine Not rausschreien können. Das ist ein wirklicher Dienst der Kirche.

Meine Wünsche für die Friedensgebete in der Zukunft

Hier in Erfurt in der Lorenzkirche gibt es seit 1978 jeden Donnerstag um 17.00 Uhr ein Friedensgebet. Wissen Sie, das sind kümmerliche, winzige Veranstaltungen. Da sind ein paar Leute. Aber es ist noch niemals ausgefallen. Jeden Donnerstag findet das statt. So etwas muss man in Treue durchhalten, damit es einen Ort gibt, wenn Krisen kommen, wo die Leute wissen: Da können wir hingehen. Das muss durchgehalten werden. Und die Einheit von politischem Engagement und Gebet, die muss bewahrt werden. Das Gebet ist eine Protestaktion gegen jede Unmenschlichkeit. Wenn im Vaterunser gebetet wird: Dein Wille geschehe, wie im Himmel, so auf Erden, das ist ein Protest gegen die Unmenschlichkeiten, die in unserer Welt geschehen. Und das ist also die innerste Konkretion, eines, das gesamte Leben umfassenden politischen Engagements.

Kirche für andere – ein Beispiel aus dem Jahre 2002

Und wenn man fragt: Welche Nachwirkungen haben die Friedensgebete gehabt? Sind denn nun welche bei der Kirche geblieben? Ja, ich glaube, das ist auch eine kritische Frage an die Kirche: Waren wir auch überzeugend genug, damit Leute wirklich einen neuen Weg zur Kirche gefunden haben? Das haben nur ganz wenige. Aber für Erfurt muss ich sagen, es gab ja diesen schrecklichen Gutenberg-Amoklauf, wo ein Schüler des Gutenberg-Gymnasium 16 Menschen ermordet hat und dann sich selber. Da war die ganze Stadt wirklich erschüttert. Ja und da waren sie alle wieder in der Kirche. Da hat die Pfarrerin einer nahe gelegenen Kirche am Abend desselben Tages einen Gottesdienst angeboten. Sie selber war beteiligt an der Seelsorge von Eltern, Betroffenen, Familien. Und praktisch unvorbereitet hat sie da einen Gottesdienst gemacht. Der musste dann wiederholt werden. Unvorbereitet, wie sie war, hatte Sie keine Predigt gehalten, sondern ein langes Gebet gesprochen. Und da haben die Leute erfahren, wie eine Christin die Erlebnisse dieses Tages mit ihrem Gott bespricht. Und die Stadtkirchen waren alle geöffnet in der Woche danach, zum Gespräch für Leute, die Rat suchten. Und ich behaupte, das ist auch eine Wirkung der Friedensgebete von 1989. Es haben doch offenbar viele Menschen gemerkt, die Kirche ist ein guter Ort wenn man solche Krisen erlebt, ja.

ER SAGTE: „NICHT THRON UND ALTAR GEHÖREN ZUSAMMEN, SONDERN STRASSE UND ALTAR."

Georg Führer

Georg Führer (*1983) ist der jüngste Sohn des ehemaligen Nikolaipfarrers Christian Führer (1943–2014). Die Ereignisse der Friedlichen Revolution gehören zu seinen frühen Kindheitserinnerungen. Georg Führer berichtet über die Arbeit und die Glaubensüberzeugung seines Vaters und welche Rolle die Friedensgebete noch in der heutigen Zeit spielen können.

Über die Grundsätze von Christian Führer für seine Arbeit als Pfarrer

Ich denke, es gibt drei Punkte, die man sagen kann. Zunächst als Menschen für ihn ganz wichtig: Er wusste mit zwölf, dass er Pfarrer werden will. Er sagte häufig: „Nicht Thron und Altar gehören zusammen, sondern Straße und Altar". Das war für ihn, ich denke von Anfang an klar und entscheidend, dass man sich als Kirche nicht wie früher, im Klerus verhaftet,

Privilegien sichert und abgrenzt nach außen, sondern dass man versucht, alle Menschen zusammenzubringen und auch gleich zu behandeln. Und dann hat er, wie andere Theologen vor ihm, sich immer die Frage gestellt: Was würde Jesus dazu sagen? Und das waren eben seine Maßstäbe: Straße und Altar, Was würde Jesus dazu sagen? und Was sagt uns die Heilige Schrift? Daran hat er sich orientiert. Dazu kann man eine Sache erzählen, die die Leute vielleicht nicht wissen: Es gibt in einem Kaufhaus im Leipziger Stadtzentrum eine Hall of Fame oder so, mit Handabdrücken von verschiedenen Persönlichkeiten. Da hatte ursprünglich mein Vater auch schon zugesagt, mit dabei zu sein. In der Familie konnten wir ihn davon abbringen, weil wir fragen konnten: Vater, wo sind denn deine eigenen Leitlinien? Da ist dann dein Name und dann ist da dein Handabdruck, aber wo ist denn dann ein Hinweis von Jesus in diesem Konsumtem-

pel? Das passt also gar nicht! Und er war sehr offen und es fiel es ihm wie Schuppen von den Augen. Er hat seine Zusage umgehend zurückgezogen und abgesagt.

Über wichtige Friedensgebet-Aktionen nach 1990

Gut erinnern kann ich mich an 2003 und 2006 – der Irakkrieg und abermalige der Irakkrieg. Die Kirche war wirklich voll. Es gab Mahnwachen, Friedensgebete, Demonstrationen. Das war sehr bewegend. Januar 2006: Die Ingenieure René Bräunlich und Thomas Nitzschke von der Firma Cyrotec aus der Nähe von Wurzen waren im Irak als Geiseln genommen worden. Das Friedensgebet ging ganz klein, senfkornartig los, wurde immer größer und es gab eine besondere Sache: Die Vereinigung Arabischer Studierender und Akademiker in Leipzig, das ist

eine Art islamische Studentengemeinde, beteiligte sich an den Mahnwachen. Das war sehr beeindruckend, denn sie hatten Spruchbänder und Transparente in arabischer Sprache außen an der Kirche angebracht, wo 1989 die Kerzen und die Transparente waren. Sie forderten eben auch zur Gewaltlosigkeit und zur Freilassung der Geiseln auf. Entscheidend war, im Sender Al Djazira bekam die Nachricht drei Minuten Sendezeit. Das heißt, in der arabischen Welt wurde wahrgenommen, dass hier in Deutschland Christen und Muslime gemeinsam gewaltlos beten für die Freilassung der Geiseln und gegen Gewalt. Und das war sehr beeindruckend, emotional und das diese Kraft von diesem Ort eben auch ausgehen kann und letztendlich hat es zur Befreiung der Geiseln geführt, am Ende.

ES IST UNS WICHTIG, DASS MENSCHEN MIT UNTERSCHIEDLICHEN BEHINDERUNGEN MIT DABEI SEIN KÖNNEN

Gunter Jähnig

Bereits in den 1970er Jahren setzte sich Gunter Jähnig (*1955) in der Studentengemeinde für die Belange von Menschen mit Behinderung ein und widmete sich damit einem wenig beachtetem Thema in der DDR. Als Geschäftsführer des Leipziger Behindertenverbandes e. V. wirbt er heute gemeinsam mit dem Mitarbeiterteam für Barrierefreiheit und ist an der Mitgestaltung von Friedensgebeten in der Nikolaikirche beteiligt.

Gemeinschaft und Engagement für Menschen mit Behinderungen in der DDR

Das Engagement hatte ich aus Altenburg mitgebracht. In der dortigen Jungen Gemeinde trafen wir uns regelmäßig mit einer Rollstuhlfahrerin. In Leipzig war dann die Evangelische Studentengemeinde eine hervorragende Basis, um dort gemeinsame Treffen der „Roller und Latscher" durchzuführen, wie wir diesen Freundeskreis damals genannt haben. Wir trafen uns regelmäßig aller sechs Wochen im Haus der Evangelischen Stu-

dentengemeinde. Durch Mund zu Mund Propaganda wurden es immer mehr Rollstuhlfahrer. Der Anlass war ein Fußballspiel zwischen der Katholischen und der Evangelischen Studentengemeinde, bei dem ein Rollstuhlfahrer zusah. Rüdiger Forchmann hatte die Idee zu einem ersten Treffen. Er sprach mit dem damaligen Studentenpfarrer Christoph Magirius, der auch andere Gemeinden wegen Rollifahrern anfragte. So ging es los und das war irgendwann im Juni 1976. Der Freundeskreis existiert noch heute. Es war in der DDR äußerst schwierig, auf Probleme von Menschen mit Behinderung hinzuweisen, denn die gab es ja per Dekret nicht. Aber überall existierten Barrieren. Da hat sich bis heute unwahrscheinlich viel positiv verändert.

Gestaltung von gemeinsamen Friedensgebeten heute

Wir haben seit Anfang der 1990er Jahre regelmäßig, teilweise zweimal im Jahr, meistens in der Adventszeit, unter den

unterschiedlichsten Themen, immer mit Bezug auf Barrierefreiheit, auf Teilhabe, die Friedensgebete durchgeführt. Es ist uns einfach wichtig, dass Menschen mit unterschiedlichen Behinderungen mit dabei sein können. Das heißt, Gebärdensprachdolmetscher schaffen eine Kommunikationsbrücke als ein Stück Normalität. Und wir hoffen und wünschen, dass endlich bei allen öffentlichen Veranstaltungen Gebärdensprachdolmetscher anwesend sind, damit gehörlose Menschen auch dem gesprochenen Wort folgen können. Es war uns auch wichtig, dass Menschen mit einer geistigen Behinderung mit dabei sind und ihren Möglichkeiten entsprechend ihre Teilhabe erhalten. Ganz, ganz wichtig war für uns am 31. August 2009 ein großes Friedensgebet, bei dem es uns darum ging, dass hier in unserer Stadt und zwar im Zentrum der Stadt, wo jetzt der Neubau der Universitätskirche steht, ein Mahnmal errichtet wird zur Erinnerung an die NS-„Euthanasie"opfer, die Kinder"euthanasie" insbesondere, die hier in Leipzig begonnen hat. Auch die geistigen Wurzeln, die

unter anderem auf Leipzig zurück gehen, durch den Universitätsprofessor und Rektor von 1908–1909, dem Juristen Professor Karl Binding, der mit Alfred Hoche 1920 in Leipzig ein Buch herausgebracht hat, in dem es um die „Freigabe der Vernichtung lebensunwerten Lebens" geht. Dieses Buch war mit eine der Vorlagen für die Zeit des Nationalsozialismus mit den schlimmen Verbrechen. Am 13. August 2015 – zur Erinnerung, das Friedensgebet war am 31. August 2009 – erhielten wir seitens der Universität die Zusage, dass vor dem Neuen Augusteum ein Mahnmal in Rücksprache mit der Stadt aufgestellt werden könnte. Die Umsetzung ist bis heute, Dezember 2016, noch nicht vollzogen.

JETZT IST ES VORBEI, DAS KRIEGEN DIE NIE WIEDER HIN

Gerd Klenk

In den 1980er Jahren war Gerd Klenk (*1949) Mitglied im Friedenskreis Gohlis. Gemeinsam mit dieser Gruppe wirkte er an der Friedensgebets-Andacht vom 9. Oktober 1989 mit. In seinem Interview berichtet er über die angespannte Stimmung aber auch über die Erleichterung, die er an diesem Tag erlebte. Außerdem erinnert er sich an den Verlauf der Montagsdemonstrationen in den Wochen danach. Auch nach der Friedlichen Revolution blieb er ehrenamtlich aktiv, unter anderem im Flüchtlingsrat Leipzig, dem Netzwerk Integration-Migrant/-innen in Leipzig und dem Bürgerverein Gohlis. Noch heute ist er an der Gestaltung von Friedensgebeten in der Nikolaikirche beteiligt.

Friedensgebet und Demonstration am 9. Oktober 1989

Das war eine ganz spannende Sache. Wir haben das Thema unserer Friedensgebets-Andacht vollkommen geändert, aktualisiert. Wir hatten ja vorher ein ganz anderes Thema geplant. Ich glaube, da ging es um die Probleme bei Ernährung und so. Also das war ja so: Die Themen der Friedensgebete wurden ja schon im Frühjahr festgelegt und da hatten wir den 9. Oktober. Und natürlich haben wir uns dem gestellt und haben noch kurz vorher überlegt, wie können wir jetzt aktuell was machen. Da wussten wir noch nicht, dass zu dem Friedensgebet etwa 600 Genossen da in der Nikolaikirche saßen. Wir haben das Thema aufgegriffen aus der Zeitung, also wo schon im Vorfeld durch Briefe von einem Kommandeur der Kampfgruppen deutlich wurde, dass der eventuelle Schießbefehl im Hintergrund steht. Wir wurden als Konterrevolutionäre bezeichnet und das, wenn es nötig ist, man auch mit der Waffe vorgehen müsste. Das hat natürlich bei uns eine ziemliche Betroffenheit ausgelöst und auch die anderen Artikel, die dann in die Richtung gingen, sodass wir gesagt haben: Das greifen wir auf zum Friedensgebet und machen deutlich, dass das eben nicht sein

kann, dass wir kriminalisiert werden, bloß weil wir Veränderung in dieser Gesellschaft wollen, die einfach so, wie sie jetzt ist, nicht mehr hinnehmbar ist. Da muss sich was tun. Wir müssen miteinander ins Gespräch kommen, das war der Ansatz. Es kamen ja dann Gerüchte, Schießbefehl und die Krankenhäuser haben schon Blutkonserven bereitgestellt. Das machte natürlich Unruhe. Und da sind wir schon sehr zeitig in die Stadt, weil wir Angst hatten, wir kommen dann gar nicht mehr an die Nikolaikirche ran. Als wir da ankamen, das war dann so 15.00, 16.00 Uhr, war der Herr Führer schon da. Wir treffen uns ja immer beim Friedensgebet dort im Gemeindehaus zusammen. Er sagte: Er weiß gar nicht, was hier los ist. Die ganze Kirche ist schon voll, also die sind schon seit 14.00 Uhr da drin. Er hatte die Kirche abgeschlossen, damit die Werktätigen noch reinkommen konnten. Und man hat natürlich an der Atmosphäre innen gemerkt, dass die Leute noch nie in einer Kirche waren. Die waren auch ganz verängstigt.

17.00 Uhr beginnt das Friedensgebet. Wir sind als Gruppe rüber – der ganze Platz war ja voll mit Menschen und laut. Es kamen ja dann auch die Rufe: Wir sind das Volk und keine Gewalt. Und dann sind wir rein durch den Hintereingang. Man kam ja gar nicht mehr durch, die ganze Kirche war ja voll und der Bischof Johannes Hempel war auch da. Er machte dann aufmerksam auf die Ängste und sagte, auf jeden Fall rufen wir auf, keine Gewalt anzuwenden und es muss sich was ändern in diesem Land. Und dann kam ja auch noch der Aufruf der sechs, Masur und so weiter. Das war eigentlich beruhigend, dass man sagte: Okay, es muss was passieren. Es ist was im Gange, ja. Die Ängste waren natürlich groß. Wir hatten Martin Jankowski, das ist ein Liedermacher mit sehr guten Texten. Dazu kam noch eine kleine Musikgruppe. Das war gut, um den Leuten ihre Angst zu nehmen. Von Draußen hörte man schon die Sprechchöre. Da hat man gesehen, dass die Leute, die in der Kirche saßen, die Genossen, schon ziemlich ängstlich waren. Und als dann das

Friedensgebet zu Ende war, zeigte dann der Pfarrer, dass sie die Seiteneingänge benutzen können. Und die wollten alle natürlich schleunigst weg, weil die hatten alle panische Angst.

Und da ging das eigentlich relativ schnell los mit dem Losgehen, weil die vorhergehenden Male ist es ja fast bis zur Reformierten Kirche gegangen, da war dann plötzlich alles abgesperrt. Da war es noch ziemlich brutal, die Übergriffe am 2. Oktober. Und am 9. Oktober gingen die Leute los und man hatte das Gefühl, es werden ja immer mehr. Es war wirklich überwältigend und wir dachten natürlich, da wir die Erfahrung von den letzten Malen hatten: Wann kommt jetzt der Eingriff? Als wir dann um die Runde Ecke waren – es kam erst später raus, dass die da alle hinter den Fenstern saßen – als wir dann dort vorbei waren, an diesem wichtigen Punkt, da habe ich dann gesagt: Jetzt ist es vorbei. Das kriegen die nie wieder hin. Mit so vielen Leuten, die jetzt hier bis dahin ohne Auseinandersetzung gekommen sind, wird sich diese Gesellschaft jedenfalls nicht mehr halten können.

Verhandlungen mit Staatlichen Stellen unmittelbar nach dem 9. Oktober 1989 und Montags-Demonstrationen im Herbst 1989

Wir wurden dann eingeladen in der Woche – das war noch witzig – von den Genossen. Also alles Basisvertreter und natürlich der Herr Magirius, der Herr Pfarrer Wonneberger und Vertreter der Basisgruppen und man wollte uns eigentlich überreden, dass wir eine Presseerklärung abgeben, dass doch Demonstration nicht

das richtige ist auf der Straße, sondern das wir doch miteinander ins Gespräch kommen wollen. Und das man deswegen die Straße nicht mehr benutzt. Wir haben natürlich deutlich gemacht, dass wir uns für so etwas nicht hergeben und die andere Seite ist, dass wir das gar nicht mehr beeinflussen können.

Wobei man natürlich sagen muss, dass die Montags-Demonstrationen dann irgendwann umschwenkten. Das war dann aber erst im November, als plötzlich nationalistische Tendenzen auftauchten. Wo die Republikaner hier plötzlich auftauchten, mit ihren Flyern und es dann schon ziemlich aggressiv wurde gegenüber Leuten, die eine andere Meinung hatten, die nicht sofort die Wiedervereinigung wollten und nicht die D-Mark sofort, die hatten es da schwer. Und da wurde dann gottseidank beschlossen, auch vom Synodalausschuss für Frieden, Gerechtigkeit und Bewahrung der Schöpfung – wir kamen ja dann immer noch zusammen – und haben gesagt, wir müssen etwas tun, damit das deeskaliert. Und da wurde da noch vor Weihnachten ein sogenannter Kerzen-Schweigemarsch gemacht, bei dem man an die Opfer gedacht hat, die bei Demonstrationen verhaftet wurden. Und das hat dann die ganze Sache gottseidank entspannt.

Friedensgebete nach der Friedlichen Revolution

1992 war zum Beispiel ein ganz wichtiges Thema für uns diese Übergriffe auf die Flüchtlingseinrichtungen in Rostock und in Leipzig. Da gab es das erste Flüchtlingsheim in Grünau. Da hatten wir eine

Kette gegen Gewalt gebildet und haben uns natürlich auch dafür stark eingesetzt. Und das war dann auch der Auslöser dafür, warum wir dann den Flüchtlingsrat gegründet haben, und Herr Führer hat dann auch einige Sachen mit nach außen gebracht, über Demonstrationen, Schweigemärsche oder Mahnwachen. Irakkrieg und solche Sachen, die waren dann an der Tagesordnung. Damit konnte man in einem gewissen Rahmen Leute zum Nachdenken anregen und eben politische Botschaften mit rüberbringen. Aber in dem Maß, wie das vor 1989 war, ist das dann natürlich nicht mehr gekommen. Aber nichts desto trotz haben wir die Friedensgebete eben immer als eine Möglichkeit gesehen, einen gewissen Kreis anzusprechen. Das halte ich nach wie vor für ganz wichtig und vielleicht auch für eine Chance, dass die Friedensgebete weiter eine Bedeutung haben.

ES HATTE SICH RUMGESPROCHEN: DA KANNSTE EBEN NUR NOCH ZUR KIRCHE GEHEN

Katharina Köhler

Als Tochter des Nikolaipfarrers Christian Führer (1943–2014) erlebte Katharina Köhler (*1969) die Friedensgebete seit ihrer Kindheit. Sie erinnert sich an verschiedene Begebenheiten, die sich in der Nikolaikirche abspielten, bis hin zu einem Konzert der Leipziger Punkrock-Formation Wutanfall (später: L' Attentat). Heute selbst als Pfarrerin tätig, weiß sie auch über Tradition und Perspektiven des Friedensgebetes zu berichten.

Erinnerungen an frühe Friedensgebete und Friedensdekaden

Seit es christliche Gemeinden gibt, haben sich immer Menschen aus diesen Gemeinden für andere Menschen eingesetzt. Und das gehört eigentlich zum christlichen Glauben seit Anfang an dazu, dass man an die Menschen denkt, für sie betet, für sie sorgt, die das nötig haben. Ja, ich habe die Friedensgebete miterlebt in den frühen 80er Jahren, als die noch ganz klein waren. Manchmal saßen wir nur hier vorn im Altarraum. Da waren es mal zehn Leute und mal nur drei und das war ganz verschieden, wer da kam.

Kirche in der DDR als Anziehungspunkt für junge, andersdenkende Menschen: Auftritt der Punkrock-Gruppe Wutanfall in der Nikolaikirche

Manche Fragen, die kann man aus heutiger Sicht nicht mehr verstehen. Man muss sich vorstellen, wir haben in einer Gesellschaft gelebt, da gab es keine Information. Und wo gab's da für Jemanden, der nicht wusste, wo mit sich hin, wo gab's da in der DDR einen Ort, wo man hinkonnte? Und da hatte sich das irgendwie so rumgesprochen: Da kannste eben nur noch zur Kirche gehen.

Und ich kann mich noch erinnern, in der Kirche hatten wir noch einen Auftritt von der Punkgruppe „Wutanfall". Wie die sich an meinen Vater gewendet haben, weiß ich nicht mehr. Ich weiß noch, dass sie in einem Abrisshaus hausten, Seeburgstraße, also Richtung Osten und mein Vater hatte mich da mitgenommen, weil er meinte, er hätte da vielleicht keinen Nerv dafür, weil mein Vater Bach liebte. Er hat aber an diesen Jugendlichen gespürt, die wollten, die suchten Irgendwas. Als Punkband waren sie Außenseiter und hätten nie die Erlaubnis für ein Konzert bekommen. Dort hat mein Vater gemeint: Da kommt ihr in unsere Junge Gemeinde. Wir hatten so einen kleinen Raum, die Jugendkapelle in der Nikolaikirche. Da passten vielleicht 20 Leute rein, mit Mühe 30. Und als die Band an dem Abend spielte, ich weiß nicht, wie sich das rumgesprochen hatte, aber da war es berstend voll. Die Band hat einen höllischen Krach gemacht und ihre selbstgeschriebenen, rebellischen Texte performt, würde man heute sagen. Und für die war das erstmal einfach nur toll, dass das mal Jemand gehört hatte. Ich denke, ein Teil der Anziehungskraft der Kirchen war einfach, dass man dort gehört wurde, mit dem, was man sonst Nirgendwo sagen durfte und selbst manchmal fragte, darf ich das überhaupt denken? Bin ich damit alleine? Aber da ist doch Irgendetwas, was einfach so nicht stimmt in unserer Welt.

GOTTES WORT ERWARTET ANTWORT. UND FÜR MICH IST DIE ANTWORT AUF GOTTES WORT VERANTWORTUNG

Friedrich Magirius

Friedrich Magirius (*1930) war von 1982 bis 1995 Superintendent des Kirchenbezirks Leipzig Ost und gemeinsam mit Christian Führer Pfarrer an der Nikolaikirche. Er war an der Einführung der Leipziger Friedensgebete beteiligt. Allerdings geriet er auch in die Kritik seitens der Basisgruppen, unter anderem als er im Sommer 1988 Pfarrer Christoph Wonneberger von der Koordinierung der Friedensgebete enthob. In seinem Interview spricht er über die Rolle als Kirchenvertreter in der DDR, wo zwischen verschiedenen Ebenen und Interessengruppen vermittelt werden musste.

Die Aufgabe als Superintendent und die Evangelische Kirche in der DDR

Ich hab mir nicht gewünscht, Superintendent zu werden, weil jeder Pfarrer eigentlich Individualist ist. Und 40 oder 50 Individualisten zusammenzubringen und unter einen Hut zu bringen, ist sicher keine ganz einfache Aufgabe. Ich bin der Letzte, der irgendwelche Maßregeln zu stellen hatte, aber es ging mir immer darum, dass Kirche als ein Guss, als ein Zusammenhalt erhalten blieb. Und für mich ist das ein ganz wertvoller Schritt gewesen, dass 1969 der Bund der Evangelischen Kirchen in der DDR gegründet worden ist. Denn dieser Bund vereinte die acht evangelischen Landeskirchen, dass sie auch mit einer Stimme sprechen konnten gegenüber dem Staat. Denn nichts Schlimmeres kann passieren, gegenüber eines diktatorischen Systems, als dass man in sich uneins ist: Divide et impera – Teile und Herrsche.

Über den Bezirkssynodalausschuss Frieden und Gerechtigkeit

Die Synode des Kirchenbezirks Leipzig-Ost hat 1985 beschlossen, einen Synodal-

ausschuss „Frieden und Gerechtigkeit" für die Kommunikation mit den Gruppen einzusetzen. Zehn Vertreter aus den Gemeinden, Pfarrer und Kirchvorsteher, arbeiteten zusammen mit zehn Vertretern der Gruppen. Es musste da auch Jemand beauftragt werden, der die ganz einfache Aufgabe übernimmt: Wer ist an welchem Montag beim Friedensgebet dran? Und da habe ich Christoph Wonneberger gefragt, ob der das macht und er hat das übernommen. Also das war eine technische Frage. Jedoch hat die übliche Form von kirchlichen Zusammenkünften die Grenze dazu anders bemessen, so will ich es mal sagen.

Schwierig wurde es, wenn öffentlich zu Veranstaltungen in die Lukaskirche eingeladen wurde, von denen ich nichts wusste. So konnte ich staatlichen Stellen gegenüber auch keine Auskunft geben. Und ich kann es mit anderen Worten noch sagen: Das gute ist ja in unserem Beruf, dass wir mit ganz verschiedenen Gaben ausgerüstet sind von Gott und mit unterschiedlichen Möglichkeiten auch arbeiten können: Der Eine ganz innerlich, der Andere ganz seelsorgerlich, der Nächste mit großartigem Redetalent, Leute zu binden. Insofern rechne ich auch Christoph Wonneberger mit seinen Gaben einfach mit rein. Schade, dass er Manches nicht auch gewollt hat, vielleicht auch aus Ärger und Verdruss, dass Manches nicht so gelaufen ist, wie er es sich gewünscht hat. Sozialer Friedensdienst stand dann eben nicht mehr auf der Agenda der Kirchenleitung.

Spannungen bei den Friedensgebeten zwischen Sommer und Herbst 1988

Ich war im Urlaub im Sommer 1988 und mein Kollege Manfred Wugk hatte die Vertretung als Superintendent. Und in dem Friedensgebet zum Ende des Schuljahres, also vor der Sommerpause, hatte Christoph Wonneberger die Verantwortung für das Friedensgebet. Ein junger Mann führte eine nicht genehmigte Sammlung durch für einen anderen, der verhaftet und zu einer Geldstrafe verurteilt worden war. Christoph Wonneberger unterstützte diese Aktion gegen den klaren Einspruch von Manfred Wugk. Auch angesichts des Konflikts zwischen den Basisgruppen und den Ausreisewilligen mit ihren unterschiedlichen Zielen habe ich einen Brief geschrieben. Dieser Brief, der eigentlich eine Anregung zur Diskussion sein sollte, wurde sofort missverstanden, so, als wollte ich die Friedensgebete künftig einstellen. Das war es überhaupt nicht. Es ging mir um die Inhalte und die Zielführung dieser Veranstaltung. Aber kaum war das erste Friedensgebet losgegangen, erfolgte sofort diese Spannung, die für mich wirklich sehr belastend war, bis heute, das es auf Anhieb nicht klar war, was ich wirklich wollte.

Ich bin sehr dankbar, dass der Kirchenvorstand, auch gerade Christian Führer, sich weiter an meiner Seite festgehalten haben und wir zu dieser Übergangslösung gefunden haben, dass man nicht mehr alles uferlos laufen lassen kann bei den Gruppen, sondern dass man immer einen verantwortlichen ordinierten Pfarrer bittet, der die Verantwortung für das Friedensgebet jeweils trägt. Dazu gehörte auch Christoph Wonneberger, der auch dann seine Gruppen betreut hat. Das ist ja nicht verboten gewesen. Aber es war eine gewisse Verantwortung, auch für die Wirkung dieser Friedensgebete.

Verantwortung als Superintendent gegenüber Oppositionellen und Basisgruppen in den Kirchen

Ich möchte es nur gern in einen Zusammenhang bringen. Es ist nicht eine einmalige Geschichte, was da passiert ist. Das ist die Entwicklung dieser Zeit gewesen. Und das Drängen dieser jungen Leute, irgendwo habe ich es ja verstanden, aber wenn das dann Formen annimmt, die schwer nachvollziehbar sind, ist es mühsam. Als könnte Manches über Nacht realisiert werden und in einer Form, die dann nicht mehr christlich war sondern politisch. Und dort sind dann die Grenzen überschritten gewesen, die man verantworten kann. Jetzt komm ich zu einem ganz wichtigen Begriff: Verantworten. Für mich hat Verantwortung etwas zu tun mit Wort. Und wir haben für die Gottesdienste und Friedensgebete Gottes Wort weiterzugeben. Gottes Wort erwartet Antwort. Und für mich ist die Antwort auf Gottes Wort Verantwortung. Das ist wirklich auch ein theologischer Begriff. Diese Verantwortung, dieses Wort, will immer wieder gehört, übersetzt und verständlich gemacht werden.

Ich muss dazu noch eine Geschichte erzählen: Verantwortung. Im Januar 1989 hat in Leipzig eine große unangemeldete Demonstration auf der Straße stattgefunden: Karl Liebknecht, Rosa Luxemburg. Und sie sind nicht weit gekommen, die jungen Leute, das war zu befürchten. Weil es ja in Berlin schon ein Jahr davor dieselben Schwierigkeiten gegeben hatte und Leute sogar ausgebürgert worden sind. Viele Leute wurden dort verhaftet. Ich kenne die genaue Zahl nicht mehr. Und wir hatten ganz große Sorge, denn wir wussten nicht, wie Verhaftete im Stasigefängnis behandelt wurden Wohin konnten sich die Freunde und die Angehörigen der Verhafteten wenden? Sie standen bei mir oder bei uns, also bei den Superintendenten. Für uns war es ein Vertrauensbeweis, dass sie zu uns kamen, denn es gab keine unabhängige Justiz. Es klingelte laufend, sie schrieben: Was können wir jetzt tun, dass die Verhafteten wieder freikommen? Daraufhin haben wir die Landeskirche gebeten, uns zu unterstützen und uns für die Verhafteten einzusetzen. Mehrmals haben wir gemeinsam mit Bischof Hempel Gespräche beim Rat des Bezirks geführt, nicht beim Rat der Stadt,

das war dann die Ebene der Landeskirche und haben darum gebeten, dass die Verhafteten, wieder freigelassen werden. Überraschend war das Ergebnis, es gab die Anweisung: Ja, wir werden die Verhafteten freilassen, aber Sie tragen weiter die Verantwortung, für das, was die tun!

Meine Wünsche für die Friedensgebete in der Zukunft

Wir sind eine Minderheit. Das ist so. Aber ich bitte Gott, dass wir eine qualifizierte Minderheit bleiben, die wach ist für die Sorgen und Probleme der Menschen.

UNS HABEN DIESE THEMEN EINFACH SO GELEITET UND SO GEFÜLLT, DASS WIR IRGENDWIE TROTZDEM IMMER WEITER GEMACHT HABEN

Gesine Oltmanns

Gesine Oltmanns (*1965) wuchs in einem christlichen Elternhaus in Olbernhau auf und kam 1983 nach Leipzig. Da sie aufgrund ihrer kritischen Haltung nicht zum Studium zugelassen wurde, verdingte sie sich in verschiedenen Anstellungen, unter anderem bei der Post, in der Altenpflege und bei einem Buchverlag. Über die regelmäßige Teilnahme an den Friedensgebeten in der Nikolaikirche stieg sie ab 1988 in die beiden Basisgruppen Initiativgruppe „Leben" und Arbeitskreis „Gerechtigkeit" ein, wo sie sich an zahlreichen Aktionen beteiligte. Sie erlebte das oppositionelle Leben und die Friedliche Revolution aus der Perspektive der Basisgruppen. Hier spricht sie über die Zusammenarbeit mit der Kirche, aber auch über Differenzen, die im Rahmen der Friedensgebete entstanden.

Mitarbeit in einer Kontaktgruppe für Inhaftierte ab 1988

Also wenn man das Gefühl hatte, irgendein Thema brennt hier im Land, ja, dann ging ich zu dem Friedensgebet, weil ich dachte, man trifft Gleichgesinnte und man trifft Leute, mit denen man sich verbünden konnte. Das war unter Christoph Wonneberger auf alle Fälle eine Entwicklung, die 1986 ihren Anfang nahm und bis 1989 reichte. November, Dezember 1987 war für mich ein Zeitpunkt, wo ich merkte, ich will regelmäßig dabei sein. Es fand die Durchsuchung der Umweltbibliothek in Berlin statt. Die war ja irgendwie so ein Akt, den haben wir als Symbol verstanden dafür, dass die DDR jetzt sehr rigoros gegen die Opposition vorgeht. Dann kam 1988 in Berlin die Verhaftung von Stephan Kraw-

czyk und Freya Klier, die wir auch durch Konzerte in der Lukaskirche kannten. Das war dann so ein Punkt, wo ich dachte: Jetzt musst du da viel aktiver sein und mitarbeiten. Und da fand sich halt eine Kontaktgruppe für die Friedensgebete für die Inhaftierten aus Berlin zusammen und ich habe gesagt, ich will mitmachen, und war dort täglich mit am Kontakttelefon in der Studentengemeinde und bin so mit in die Organisation der Friedensgebete hineingekommen.

Politisierungsstreit in den Friedensgebeten 1988

Also die Friedensgebete gab es ja immer weiter, aber die Gruppen wurden durch Superintendent Magirius dann im Som-

mer ausgeschlossen. Praktisch als Willkürakt, so haben wir das verstanden. Wir hatten auch das Gefühl, dass das mit dem Kirchenvorstand und der Kirchgemeinde nicht so abgestimmt war. Wo wir alle sehr überrascht waren, über den Brief, der dann an die Gruppen verschickt wurde. Und das hat uns natürlich empört. Also Erstens fanden wir, dass wir selber irgendwie ein Redeverbot auferlegt bekommen, mit den Themen, die wir selbst in die Friedensgebete einbringen wollten. Zum anderen haben wir denen misstraut und geglaubt, jetzt geben die Kirchenleute den staatlichen Auflagen nach. Das war für uns dann schon ein sehr unerträglicher Zustand. Wir haben dann einen offenen Brief an den Bischof geschrieben und dann auch überall hier verteilt. Und das war ein ziemlicher Eklat, dann mit der

Kirchenleitung. Also da standen wir dann so hinten, mit so Mundbinden: Redeverbot, damit auch klar wird, wir dürfen hier nicht mehr das Wort ergreifen, sondern das macht jetzt die Kirchenleitung oder die Pfarrer ausschließlich selber. Wir haben dann angefangen, vor der Kirche unsere Informationen zu geben, wie sonst während der Friedensgebete. Und das war natürlich interessant für die, die so kamen. Also wir gingen aus der Kirche raus und da versammelte sich auch immer eine Gruppe und wartete schon auf das, was da noch gesagt würde.

Und das hat uns dann dazu gebracht, hier in der Kirche eine Plakataktion zu machen, so einen stillen Protest, noch einmal zu zeigen, gegen diese Ausgrenzung der Gruppen aus den Friedensgebeten. Da habe ich noch eine Rede verlesen, die mir dann durch die Orgel verboten wurde, praktisch. Also die haben die Orgel dann angestellt, auf den Wink des Pfarrers fing der Organist dann an, mir mitten ins Wort zu tönen und daraufhin ist einer von uns dann hoch und hat versucht, die Orgel abzustellen. Das waren wirklich tumultartige Situationen, wo wir dann auch richtig frustriert waren. Ich war dann auch so entsetzt, dass in einer Kirche das Wort verboten wird, die ich immer als Raum der offenen Themen, der offenen Sprache und des offenen Wortes empfunden hatte. Also ich glaube, die Pfarrer fühlten sich extrem überfordert. Das wäre in Berlin vielleicht so nicht gewesen, aber Christian Führer ist viele Schritte da auch nicht mehr mitgegangen, weil er da theologisch auch eine andere Auffassung hatte und die Friedensgebete doch sehr theologisch geprägt haben wollte. Und wir sahen da einen anderen Ansatzpunkt.

Auseinandersetzungen mit Kirchenvertretern

Die Gespräche mit der Kirchenleitung hier vor Ort, die es ja gab – wo man sich zusammensetzte, weil es Konflikte gab, weil man verschiedener Meinung war – die sahen dann so aus, dass die Superintendenten dann wirklich erstmal versuchten uns klarzumachen, in welch unverantwortlicher Weise wir eigentlich jetzt mit dem umgehen, was über Jahre hin gewachsen war. Die waren halt zum großen Teil in den 1950ern junge Pfarrer gewesen. Und ich kenne die Pfarrerverfolgung aus dieser Zeit durch meinen Vater, der in Böhlen zu der Zeit Pfarrer war und schlimmste Verfolgung erlebt hat. Und das steckte denen noch ganz schön in den Knochen. Und das haben wir auch gemerkt, das war eine gewisse Ängstlichkeit, auch die Sorge um uns. Aber uns haben diese Themen einfach so geleitet und so gefüllt, dass wir irgendwie trotzdem immer weiter gemacht haben. Und das war schwer zu verkraften, weil sie halt die Rechtfertigung gegenüber den staatlichen Behörden für uns eigentlich unternahmen, oder dann eben immer antreten mussten zum Rapport, an jedem Dienstag, wie das Christian Führer immer beschreibt. Aber das war ja immer nur eine Delegierung, weil die staatlichen Behörden mit uns selbst nicht in den Dialog treten wollten. Wir hätten das ja gern getan, wir hätten uns ja direkt gern mit den Leuten unterhalten.

Polizeiaktionen im Herbst 1989 und Solidarisierung mit Gefangenen

Wir hatten diese Situation, dass hier der ganze Platz abgesperrt war. Und ich glaube schon, dass das die Friedensgebetsgemeinde auch sehr bestürzt beeindruckt hat. Also man wurde ja kriminalisiert. Man kam aus der Kirche raus, stand auf dem Platz und war umzingelt von Polizei. Und die Leute wurden dann raus gelassen, es war nicht so, dass da immer Verhaftungen stattfanden, aber man war unter Kontrolle. Und das mit dem harten Polizeizugriff am 11. September 1989, das haben wir sehr als Racheakt empfunden für den 4. September 1989, dass die Leute da so verhaftet wurden und rigoros da die Leute gejagt wurden. Das war für mich selber so richtig die Rache der Stasi. Also an dem 11. September 1989, da sind auch Leute verhaftet worden, die nie damit etwas zu tun hatten. Das war dann so ein Eigentor, was die sich schossen. Und diese Verhaftungen haben natürlich eine starke Strahlung in die DDR hinein gehabt. Wir hatten dann schnell die Informationen in den Westmedien, im Radio und im Fernsehen und in „Kontraste" kam auch ein Bericht. Es wurde viel offener mit dieser Information umgegangen, dass es hier in Leipzig diese Verhaftungen gegeben hatte. Und dann begann es mit diesen kleinen Zetteln hier an den Fenstern, mit diesen vielen Blumen, die die ganz einfachen Leute, die sich bisher nicht getraut hatten, die steckten da Blumen in die Fenster. Das war ein Blütenmeer und dazwischen die Forderungen nach Freilassung der Inhaftierten. Das hat uns unheimlich gut getan, soviel Solidarität zu erleben da. Ja, also wir haben natürlich auch dafür gearbeitet. Wir haben ein Kontakttelefon gehabt, dass dann Tag und Nacht besetzt war und haben versucht, die Leute zu erfassen, die nicht der Kirche so nahe standen, die aber unter ihren Angehörigen jemanden hatten, der verhaftet worden war.

Umgang mit der Ausreisebewegung

Die Ausreiseantragsstellerinnen und -antragssteller waren für viele Gruppen eine Herausforderung, sich zu positionieren. Die Menschenrechtsgruppen haben ganz klar gesagt: Das ist ein Menschenrecht, Freizügigkeit wird missachtet in der DDR. Das sind Leute, die mit ihrer Problematik auch bei uns willkommen sind. Aber es gab viele Gruppen, die sich da irgendwie ausgenutzt fühlten, weil die Leute häufig so ein „Ich hab nichts mehr zu verlieren!" verkörperten. Das war schon schwierig, damit umzugehen, zumal wir ja irgendwie langfristig arbeiten wollten, auch perspektivisch dachten. Und wenn dann die Leute so auf einen Tag zum anderen immer weg waren, war das für uns so eine Fluktuation, die – jetzt mal ganz von dem Persönlichen abgesehen, dass das auch Freunde waren, die man da verlor – war es dann auch schwierig, so eine Kontinuität in der Gruppenarbeit zu ermöglichen.

Gewaltlosigkeit und Staatsmacht

Na da traf sich ja Einiges. Die friedliebende DDR. Das war ja der Hintergrund dieser Aktionen, dass wir durch ganz friedlichen Protest und das gewaltsame Vorgehen des Staates gegen diesen friedlichen Protest offenlegten, was das eigentlich für eine Farce ist. Wie eigentlich gegen friedliche Demonstranten hier im Staat vorgegangen wird. Das haben wir immer wieder versucht, offen zu legen und für viele wahrnehmbar zu machen, zum Beispiel durch das Straßenmusikfestival. Was Friedlicheres gibt es ja nicht, als sich bei Musik zu treffen und dann dieses

Polizeivorgehen. Also das hatten wir da schon auf dem Schirm, wenn wir diese Aktionen so planten. Und es gab keine andere Möglichkeit, als in Friedlichkeit zu demonstrieren. Alles andere hätte den Staat ja so provoziert, dass er immer den längeren Arm gehabt hätte, die Leute zu verhaften, zu verurteilen, aus dem Verkehr zu ziehen. Also ich denke, es war Vieles nicht friedlich, das wird heute oft vergessen. Wenn man an den 7. Oktober hier in Leipzig denkt, wo ich das Gefühl hatte, warum hat der Pfarrer die Nikolaikirche für die, die da draußen bedrängt wurden, nicht einfach aufgemacht. Oder als vor der Thomaskirche die Leute verhaftet wurden. Warum war die Thomaskirche wegen Überfüllung angeblich geschlossen? Also da sind schon Sachen passiert, wo man sprachlos dasteht. Andererseits haben die in dem Prozess auch immer eine Rolle gespielt.

DIE ÖKUMENISCHE VERSAMMLUNG WAR MIR EIN GROSSES ANLIEGEN

Georg Pohler

Georg Pohler (*1940) war Mitglied im katholischen Friedenskreis Lindenau-Grünau. Dazu gehörte auch die Mitwirkung an den Friedengebeten in der Nikolaikirche. Er war der Vertreter des Friedenskreises im Bezirkssynodalausschuss für Gerechtigkeit und Frieden, dem Ort, an dem sich die Leipziger Basisgruppen vernetzten. Außerdem nahm er als katholischer Delegierter an den Ökumenischen Versammlungen für Gerechtigkeit, Frieden und Bewahrung der Schöpfung in Dresden und Magdeburg 1988 und 1989 teil. In seinem Interview gewährt er einen Blick in die ökumenische Zusammenarbeit in Leipzig und spricht über die Rolle der katholischen Kirche in der Friedensbewegung.

Der Friedenskreis Lindenau-Grünau

Wir waren damals ein Freundeskreis von etlichen Familien, die gemeinsam ihre Freizeit verbrachten. Wir diskutierten natürlich auch über die aktuellen Dinge in der DDR. Und aktuell wurde dann auch, dass wir Kinder in der Schule hatten, die Probleme bekamen als Christen. Als Christen wurden sie in der Schule benachteilig. Das war der Anlass, dass wir uns ausgetauscht und gegenseitig gestärkt haben in unseren Ansichten, also zum Beispiel auch mal Nein zu sagen. Aus diesem Grund haben wir uns als Friedenskreis in Lindenau-Grünau zusammengetan. Wir haben gesagt: Wir wollen etwas gesellschaftspolitisch tun, das heißt also nicht parteipolitisch. So kam es dann, dass wir uns unter Mitwirkung von Pfarrer Hans-Friedrich Fischer in die Friedensgebete in der Nikolaikirche eingebunden haben, die 1982 ja begonnen hatten. Dort haben wir bereits die ersten Friedensgebete mitgemacht.

Katholische Kirche und Ökumenische Friedensbewegung in der DDR

Von der offiziellen katholischen Kirche waren wir im Prinzip als Gruppe nicht gestützt. Im Nachhinein hat uns das der Bischof gesagt: Da wäret ihr ja sonst noch mutiger geworden und sie hätten euch weggesperrt. Deshalb stellten wir unter das Dach der evangelischen Kirche. Damals meinte Superintendent Friedrich Magirius: Wir sind auch für euch da. Die katholische Kirche hat natürlich durch den Propst hier in Leipzig mitgemacht im Stadt-Ökumene-Kreis, das war schon gegeben. Und einzelne Pfarrer waren auch aktiv, zum Beispiel Pfarrer Hans-Friedrich Fischer als katholischer Geistlicher oder in Leipzig-Lindenau Pfarrer Clemens Rosner. Er hat für die Treffen der Bausoldaten Räumlichkeiten zur Verfügung gestellt. Einzelne Gemeindemitglieder und Pfarrer haben da schon mitgemacht, aber die offizielle Kirche, also der Bischof, nicht. Sie haben sich sozusagen zurückgehalten und mit den staatlichen Stellen nicht verhandelt.

Mitwirkung im Bezirkssynodalausschuss

Ich wollte noch etwas dazu sagen, dass wir als katholische Gruppe zum Synodalausschuss der Evangelischen Kirche eingeladen wurden, einen Vertreter dort hin zu entsenden. Das war der eigentliche Vorteil der Leipziger Gruppen, der ganzen Leipziger Friedensgebets-Bewegung, dass wir uns abstimmen konnten im Synodalausschuss, dass wir unsere Informationen dort abgleichen konnten, dass wir dort Informationen weiter geben konnten. Diese Möglichkeit hatten Gruppen in anderen Städten nicht. Deshalb war der Synodalausschuss für Gerechtigkeit und Frieden beim Kirchenbezirk der Evangelischen Kirche Leipzig-Ost sehr wichtig und es war sehr gut, dass wir als katholische Vertreter mit eingeladen wurden. Ich war der Vertreter unseres Friedenskreises dort.

Die Ökumenische Versammlung und die katholische Kirche

Die Vorbereitung der Ökumenischen Versammlung und später die Durchführung waren mir ein großes Anliegen. Wir haben uns in den Prozess der Problembenennung mit eingebracht. Aus den Gemeinden heraus kamen über 10.000 Vorschläge. Unser besonderer Beitrag war, dass die katholische Kirche sich an der Diskussion beteiligt. Der Impuls ging ja von der evangelischen Kirche aus und wir haben dann versucht, dass die katholische Kirche sich offiziell mit Delegierten beteiligt und nicht nur mit Beobachtern. Und das ist dann geschafft worden. Ich war einer der 26 Delegierten der katholischen Kirche in der DDR bei der Ökumenischen Versammlung.

Die Ergebnispapiere der Ökumenischen Versammlung nach 1989

Die Kirchen haben damals, also April 1989, die Papiere der 13 Arbeitsgruppen angenommen und haben versprochen, die zu rezipieren. Gerade aber dann 1989 ist das in dem ganzen Wendegeschehen ziemlich untergegangen. Das muss ich leider so sagen. Trotzdem ist dieser Gedanke schon noch am Leben und das sieht man bei den Friedensgebeten. Die stehen immer noch unter dem Thema von Gerechtigkeit, Frieden und Bewahrung der Schöpfung als Gesamtkomplex, als Trias sozusagen. Im Ganzen wurde das Konzept der Ökumenischen Versammlung aber leider nicht von den offiziellen Kirchenleitungen rezipiert und angewendet.

DIE KIRCHE IST DAMALS NOCH SEHR MÄNNER-DOMINIERT GEWESEN, WIR HABEN FRAUEN-THEMEN, AUCH POLITISCHE FRAUENTHEMEN, DIREKT VOR DEN ALTAR GEBRACHT

Katrin Sengewald

Katrin Sengewald (*1958) wohnte bis 1986 in Leipzig und war eines der ersten Mitglieder der Gruppe „Frauen für den Frieden". Die gelernte Erzieherin leistete Recherche- und Aufklärungsarbeit über die Politisierung des Erziehungssystems in der DDR. Auch die Emanzipation war ein wichtiges Thema. Katrin Sengewald berichtet von den Friedensgebeten als ein Ort, an dem verschiedene Aktive und Gruppen ihre Inhalte zur Aussprache bringen konnten. Sie spricht von Unterstützung, aber auch von Diskrepanzen, die sie in der Zusammenarbeit mit der Kirche erlebt hat.

Inspiration durch Konziliaren Prozess und Ökumenische Versammlung

Der Konziliare Prozess und die Ökumenische Versammlung mit den Positionspapieren, also das, was dort vereinbart wurde, das war ein absoluter Hoffnungsschimmer, eine Aufbruchsstimmung für uns. Man hat sich auch immer auf diese Werte bezogen, vor allem nicht nur gegenüber dem Staat, sondern auch gegenüber der Kirche. In der Kirche auch, gerade in Leipzig, war ja die Unterstützung der Kirchenoberen nicht so einheitlich, wie das jetzt vielleicht aussieht. Und ja, mit diesem Positionspapier konnte man auch intern in der Kirche argumentieren und sich als Friedensgruppe oder in Bezug auf solche Aktivitäten positionieren und rechtfertigen. Und das war auf alle Fälle sehr wichtig.

Die frühen Friedensgebete

Am Anfang wurde das seitens der Kirche noch sehr misstrauisch beäugt. Also es war nicht so, dass die Friedensgebete und die Leute, die sie gestaltet haben, dort mit offenen Armen empfangen wurden. Die Pfarrer wollten schon auch wissen, was dort mit eingebracht wird und wollten die Inhalte vor jedem Friedensgebet besprechen. Aber letztendlich konnten die Gruppen schon das machen, was sie wollten. Das wurde dann doch relativ

moderat gehandhabt. Alle Friedensgruppen oder alle, die da aktiv waren in der Kirche, konnten zu Wort kommen und so ihre Originalität ausleben. An den Frauen-Gruppen haben sich eben nur Frauen beteiligt. Die Kirche ist damals noch sehr männerdominiert gewesen. Sozusagen haben wir Frauenthemen, auch politische Frauenthemen, direkt vor den Altar gebracht. Und wir haben in diesem Friedensgebet auch so eine zeichenhafte, symbolische Sprache entwickelt, die man so ein bisschen aus dem Künstlerischen heraus kennt. Also mit Metaphern und Zeichen und bestimmten bildhaften, starken Handlungen, die einen bestimmten Inhalt transportierten.

Über Christoph Wonneberger

Da ich selbst aus Dresden komme, habe ich selbst die Arbeit um die Weinbergs-kirche dort recht gut verfolgen können, in der Zeit, wo Christoph Wonneberger dort Pfarrer war. Und das war so ein Ort,

wo ganz viele interessante Leute aufgetreten sind, zum Beispiel Bettina Wegner und Wolf Biermann. Es gab Lesungen mit Jürgen Fuchs und so. Das habe ich in Erinnerung, da ist man immer mal hingereist. Und also die hatte eine große Strahlkraft, die Arbeit von Christoph Wonneberger in Dresden und als der nach Leipzig kam, haben wir Friedensleute ihn mit offenen Armen empfangen und sehr schnell den Kontakt zu Christoph Wonneberger hergestellt und haben etliche Aktivitäten dort gleich in die Kirche nach Leipzig Ost in die Lukaskirche gelegt. Da gab es zum Beispiel auch eine Nacht für den Frieden oder eine Nacht, wo wir Friedensfasten gemacht haben, eine Ausstellung mit Eberhard von der Erde aus Dresden, der war in Stasi-Haft und hat dann Bilder gemalt, die er gezeigt hat in der Kirche. Also die Arbeit von Christoph Wonneberger war immer gekennzeichnet davon, dass er sozusagen Kultur, Kunst und politische Arbeit sehr stark verschränkt hat und da auch ein großes Netzwerk und ein großes Wissen hatte.

DIE GESELLSCHAFTLICH KRITISCHEN GRUPPEN, DIE UNTER DAS DACH DER KIRCHE GEGANGEN SIND, HABEN DIE KIRCHEN VERÄNDERT

Matthias Sengewald

Matthias Sengewald (*1955) kam 1983 als Bezirksjugendwart zum Leipziger Jugendpfarramt. Dort knüpfte er schnell Kontakte zu den gesellschaftspolitischen Basisgruppen. Unter anderem schloss er sich der von Bausoldaten ins Leben gerufenen Arbeitsgemeinschaft „Friedensdienst" an und beteiligte sich an den Friedensgebeten in der Nikolaikirche. 1984 und 1985 leitete er die Vorbereitungsgruppe für die Friedensdekade. Drei Jahre später wurde er als Jugendmitarbeiter nach Erfurt berufen, wo bereits seit 1978 regelmäßige Friedensgebete stattfinden. Er erlebte die kirchliche Arbeit aus der Perspektive der Jugendlichen sowie der gesellschaftlich engagierten Gruppen, weiß um deren Hintergründe und berichtet ebenso von deren Einflüssen auf die evangelischen Kirchen der DDR.

Das Friedensgebet in der Erfurter Lorenzkirche

Wir sind hier in der Lorenzkirche. Das ist eine Innenstadtkirche von Erfurt, die aber recht günstig gelegen ist. Hier ist seit Dezember 1978 jeden Donnerstag Friedensgebet. Das ist wahrscheinlich das älteste regelmäßige Friedensgebet, das es in der DDR gab. Das gibt es ja heute noch. Es ist damals zustande gekommen, weil im Jahre 1978 die DDR in der Schule ein neues Fach eingeführt hatte, nämlich den Wehrkundeunterricht, was im Sommer bekannt wurde. Dagegen haben sich einige Leute gewehrt, darunter auch die Familie von Frau Erika Meier, die auch in der Kirche engagiert waren. Sie haben Eingaben geschrieben. Das hat natürlich alles nichts genützt. Mit Schuljahresbeginn Anfang September ist Wehrkunde als Fach eingeführt worden. Daraufhin hatte sich Frau Meier noch weitere Leute gesucht und gesagt: Also irgendetwas müssen wir doch machen. Und da ist sie eines Tages im Jungmännerwerk bei Frau Ilse Neumeister aufgetaucht. Das war damals die kirchliche Arbeitsstelle für Jugendarbeit und die haben sich damals schon um die Friedensarbeit und die Betreuung der Bausoldaten im Besonderen gekümmert. Deswegen war das eine Anlaufstelle. Und da ist sie einfach hin gegangen und hat gesagt: Wir haben die

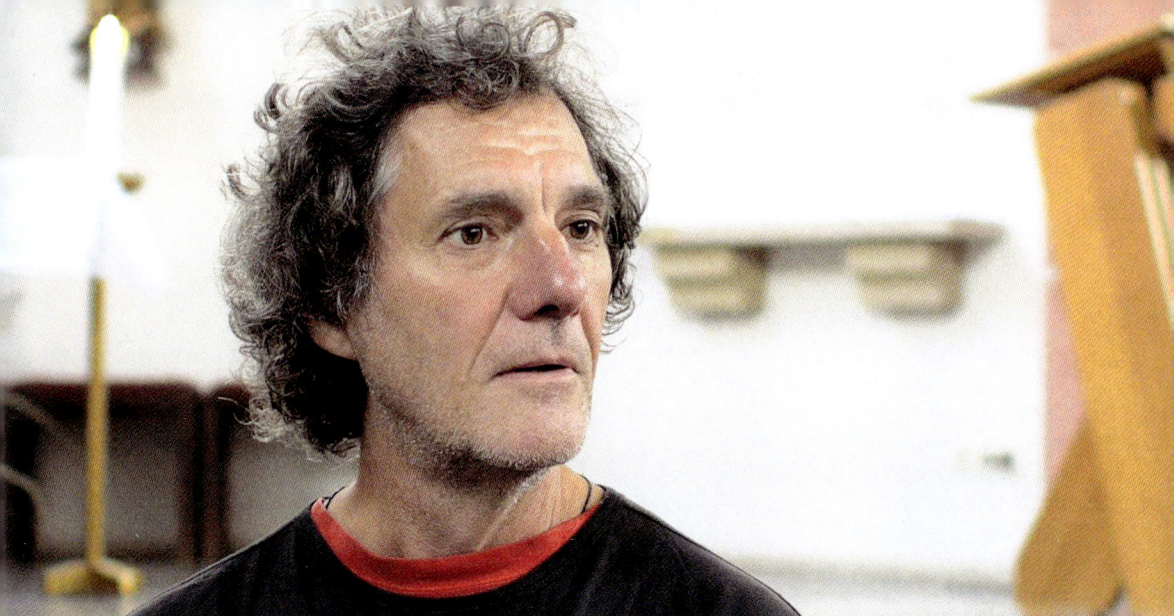

Idee, für den Frieden zu beten. Wir wollen das irgendwie jede Woche machen. Und da kam dann die Idee, dass das eine ökumenische Sache in einer Kirche, die gut erreichbar ist. Die Wahl fiel auf die katholische Lorenzkirche im Stadtzentrum. Der Pfarrer Karl Knapp war mit der Idee einverstanden. So ist dann im Dezember 1978 hier das erste Friedensgebet gewesen. Anfangs waren es nur acht Frauen, die dort gebetet haben. Das ist auch heute wieder manchmal so. Aber später, zu den Friedensdekaden oder zu anderen Veranstaltungen, da war die Kirche dann oft voll. Und 1989 wurde das Friedensgebet der Kristallisationspunkt für die Demonstrationen, die dann in Erfurt donnerstags waren. So war das. Und seitdem ist das Gebet nie ausgefallen. Das muss man einfach dazu sagen.

Das Friedensgebet: Tradition und Vorläufer

Vielleicht noch ein bisschen zum Theologischen oder Geistlichen – vielleicht würde man heute auch sagen zum Spiri-

tuellen. Es gibt ja im Grunde genommen Ideen, die auch Vorläufer sind. Das politische Nachtgebet in Köln mit Dorothee Sölle oder der Aufruf Dietrich Bonhoeffers zu einem Konzil des Friedens. Also im Grunde genommen ist das immer dieser Gedanke: Wir sind in unseren Möglichkeiten als Menschen begrenzt, der Glaube macht Vieles möglich, was wir allein nicht könnten. Wir haben damals zu DDR-Zeiten manchmal gesagt: Also wie wir beten sollen, das steht in der Bibel und für was wir beten sollen, das steht in der Zeitung. Das gilt eigentlich heute noch. Und das ist eigentlich der Hintergrund.

Kirche als gesellschaftlicher Freiraum, Bausoldatenbewegung und die ersten Friedensgruppen

Naja, das ist heute schwer zu verstehen, weil man die Situation nicht mehr weiß. Man muss sich klar machen, dass in einer Diktatur, wie die DDR eine war, im Grunde genommen ja mehr oder weniger alles kontrolliert wurde. Und die einzige große Institution, die nicht in das staatliche

System völlig eingebunden war, war die Kirche. Das hat sich die Kirche auch nie nehmen lassen, obwohl es diese Versuche immer wieder gegeben hat, sodass evangelische Jugendarbeit an sich schon sozusagen etwas war, was in das DDR-System nicht richtig reinpasste, was staatlich immer wieder beargwöhnt wurde. Und es war natürlich klar, junge Leute sind einfach manchmal Gott sei Dank auch unüberlegter und machen auch andere Dinge, die man sich als Erwachsener dann doch nicht mehr traut. Und deswegen haben sich an der evangelischen Jugendarbeit auch immer wieder solche Protestdinge angehangen – Protest nicht nur gegenüber dem Staat sondern auch gegenüber der verkrusteten Kirche. Das hat ja auch eine riesengroße Rolle gespielt.

Und eine Sache, die natürlich auch eine Rolle gespielt hat, liegt länger zurück: 1962 ist in der DDR die Wehrpflicht eingeführt worden. Damals hat es auch eine Reihe von jungen Männern gegeben, die den Wehrdienst dann verweigert haben. Ganz stark geprägt von der Kriegserfahrung: Ich fasse nie wieder ein Gewehr an, ich will nie wieder eine Waffe anfassen. Diese Gedanken haben eine Rolle gespielt. Das waren vorwiegend auch christliche junge Männer, die damals den Wehrdienst verweigert haben. Das hat dann dazu geführt, dass die DDR 1964 diesen sogenannten Ersatzdienst als Bausoldat eingeführt hat.

Die Möglichkeit, einen Bausoldatendienst abzuleisten, anstelle eines Waffendienstes, ist natürlich überhaupt nicht propagiert worden. Die ist faktisch nur über die evangelische Kirche und die Jugendar-

beit bekanntgemacht worden. Und das war eine der Aufgaben, die einfach mit dazugehörten, die ich dann als Jugendwart übernommen hatte. Es gab jährlich zwei Einberufungstermine, im April und im November. Vorher haben wir zum einen informiert über die Möglichkeit, Bausoldat zu machen, und was das auch bedeutete, denn im Grunde genommen musste sich jeder darüber klar sein, dass das ein Ende der Karrierechancen bedeuten könnte. Also Bausoldaten haben nur in Ausnahmefällen einen Studienplatz bekommen. Auch sonst sind sie nie in irgendwelche höhere Positionen gekommen. Das zweite war, dass wir die jungen Männer, egal ob sie jetzt zu den Bausoldaten gegangen sind oder zur Armee, einfach ein Stück vorbereitet haben, auf das, was sie bei der Nationalen Volksarmee (NVA) erwartet.
Alles das, das haben wir in solchen Vorbereitungsabenden mit denen, die eingezogen wurden, gemacht. Dazu gehörten auch immer natürlich eine Andacht und meistens auch eine Abendmahlsfeier für die, die in der Kirche waren. Das war eine Aufgabe.

Dass es überhaupt zu solchen Aktivitäten gekommen ist, liegt nun wieder genau an diesen ersten Bausoldaten. Daraus hat sich dann in Leipzig diese AG „Friedensdienst" gebildet. Da sind noch Leute drin gewesen, die als erste Bausoldaten eingezogen worden sind. Viele von denen hat das politisiert. Sie haben beschlossen, ich will künftig etwas tun. Und gerade auch später haben sich auch andere Gruppen wie Umweltgruppen, Frauengruppen, Gruppen, die sich um eine Partnerschaft zur Dritten Welt bemüht haben, hat sich in der Regel an der Jugendarbeit angelagert, weil die evangelische Jugendarbeit im Prinzip die einzige Möglichkeit war, um sich nicht zuhause sondern in anderen Räumen zu treffen und um eine gewisse Öffentlichkeit herzustellen.

Beginn der Friedensgebete in der Nikolaikirche

Eine andere Geschichte handelt um 1982. In Probstheida gab es nur einen Gemeinderaum. Dort trafen sich alle Gruppen, die es in der Gemeinde gab. Und an einem Abend standen durch eine falsche Terminabsprache ein Senioren-Bibelkreis und die Junge Gemeinde da und hatten nur einen einzigen Raum zur Verfügung. Was machen wir denn nun? Da haben sie einfach gesagt, machen wir jetzt einfach etwas zusammen. Da war gerade dieser ganze Ärger mit den Schwerter-zu-Pflugscharen-Aufnähern in der Luft. Die Senioren haben die Jugendlichen gefragt: Warum macht ihr denn so viel Ärger? Ihr macht euch doch selber eure Zukunft kaputt, wenn ihr hier so protestiert. Und so weiter. Die Jugendlichen haben natürlich gesagt: Na was denn? Sollen wir zugucken, wie unsere Erde kaputt geht? Eine Diskussion entstand. Letzten Endes war das für diese Seniorengruppe so beeindruckend, dass die gesagt haben: Naja, ihr habt ja eigentlich recht. Aber einen Aufnäher, das machen wir nicht. Aber wir können ja für den Frieden beten. Dann haben die Jugendlichen gesagt, ich sage das jetzt nur so flapsig: Na, das können wir doch auch zusammen machen. Dann haben die sich eine Kirche gesucht und Montag 17.00 Uhr war der bestmögliche Termin in der Nikolaikirche, der noch frei war.

Das Miteinander zwischen Kirchenvertretern und Basisgruppen in den Friedensgebeten, Politisierungsstreit 1988

In der Zeit der 1950er Jahre und 1960er Jahre haben die Kirchen die Verfolgung seitens des Staates besonders gemerkt. Es war natürlich immer die Angst von den Verantwortlichen, das war auch die Angst von Superintendent Magirius, dass, wenn das Friedensgebet zu politisch wird, dies massive Konsequenzen für die Arbeit der Gemeinden und damit indirekt natürlich auch für die Gruppen hat. Also ich habe, das muss ich auch deutlich so sagen, es immer so erlebt, dass Friedrich Magirius die Gruppen verteidigt hat. Aber natürlich in seiner Position als Superintendent, wenn er gesagt hat: Leute, erstens, ich will, wenn ihr irgend so etwas plant, es vorher wissen, damit ich weiß, wenn ich zu den staatlichen Stellen gerufen werde, was jetzt gelaufen ist. Und ihr müsst natürlich auch aufpassen, dass ihr den Bogen nicht überspannt. Ich sag das jetzt mal so. Und es so immer mal wieder in Konflikt kommt, ist natürlich klar, weil sich Jugendliche nicht besonders gerne bevormunden lassen.

Ich weiß auch, es gab andere Leute, die haben gesagt: Warum soll ich das machen? Ich bin doch ich! Ich kann das doch alleine entscheiden. Sie haben sich nicht an solche Abmachungen gehalten oder haben solche Abmachungen nicht getroffen. Da war Friedrich Magirius natürlich sauer und da hat er natürlich Kraft seines Amtes dann eben auch verfügt. Und dadurch hat sich das Ende der 1980er Jahre in Leipzig so zugespitzt. Er war ja nun auch nicht frei, zumal die Kirchenleitung der Sächsischen Landeskirche natürlich das auch sah und Druck auf Leipzig gemacht hat: Bei euch gibt es immer so viel Ärger. Sorgt mal dafür, dass es ruhiger wird.

Aber diese gesellschaftlich kritischen Gruppen, die eben unter das Dach der Kirche gegangen sind, weil das der einzige Freiraum war, haben auf der anderen Seite die Kirchen verändert.
Also es gab natürlich auch in der Kirche, gerade bei den jüngeren Pfarrern oder Diakonen, wie ich und andere, die da kritisch waren. Es gab natürlich auch die älteren, die eher gesetzt waren, bis hin zu Leuten, die der Zeit von Kaiser und Reich noch nachgeträumt haben. Das muss man ehrlicherweise auch sagen. Deswegen haben diese Gruppen die Kirche natürlich verändert.

Über Christian Führer

Christian Führer ist ein frommer Mann gewesen. Einfach ein frommer Mann, dem der Glaube ganz wichtig war. Das war sein Innerstes und sein Wichtigstes. Und aus dem heraus ist er natürlich auch angeeckt und hat gemerkt, dass da Manches nicht stimmt. Und deswegen hat er bei den Friedensdekaden mitgemacht. Aber er ist nie so als Oppositioneller in Erscheinung getreten. Erst als in den späten 1980er Jahren die Leute, die als Ausreiseantragssteller kamen, da hat er denen sich als Mensch zugewendet, als Seelsorger. Er ist dadurch natürlich auch politischer geworden und das hat er dann ja im Grunde genommen auf diese Weise nach 1989 weiter so gemacht. Einfach aus seiner, manchmal sogar ein bisschen naiven, kindlichen Frömmigkeit heraus. Aus seinem Glauben heraus hat er immer die Probleme gesehen und hat sich der Probleme angenommen. Und ist dadurch angeeckt. Und ich finde es schade, dass er zu etwas stilisiert wurde, was er nicht war. Nämlich zum Erfinder der Friedensgebete oder sowas. Das hat er auch nie von sich behauptet. Vielleicht hat er sich manchmal auch ganz wohl gefühlt in der Rolle. Ein bisschen eitel ist ja jeder Mensch. Das mag sein. Aber er hat es eigentlich nie von sich behauptet, sondern er hat auch gewusst, wie die Zusammenhänge waren und er hat natürlich mitgemacht. Und wie gesagt, je mehr er einfach aus seiner Frömmigkeit Menschen geholfen hatte, umso politischer wurde das einfach.

WIR WAREN IN DER KIRCHE NICHT GEFÄHRLICH AUFMÜPFIG, ABER WIR HABEN DAS EBEN EIN BISSCHEN ANDERS GEMACHT

Beate Tischer

Als junge Mutter fand Beate Tischer (*1959) zur Leipziger Basisgruppe Frauen für den Frieden. Gemeinsam mit dieser Gruppe setzte sie sich kritisch mit der Erziehungs- und Bildungspolitik in der DDR auseinander, gestaltete aber auch Andachten für das Friedensgebet. Sie erlebte die Leipziger Kirchen als Orte, an denen verschiedene Menschen zusammenkamen, Orte, an denen es Streit und Gemeinschaft gab.

Einstieg in die Gruppe Frauen für den Frieden

Ich habe hier in Leipzig gelebt, habe hier in Leipzig studiert, hatte ein kleines Kind. Und dann plötzlich wurde ich mit dem DDR-Alltag konfrontiert. Also Kind abgeben in der Kinderkrippe, diese 9 ½ Stunden, die man arbeiten musste. Und ich hab an diesem Punkt irgendwann gemerkt, ich kann das nicht. Ich hab immer ein Kind abgegeben, das geweint hat und ich habe es nicht ertragen und aushalten können. Und ich hatte dann so Freundinnen gehabt, die auch Kinder hatten, mit denen man dann unterwegs war. Und eine von diesen Freundinnen hatte dann gesagt: Du, weißt du eigentlich in Leipzig ist ein ganz großes Frauentreffen, in Schönefeld, im Gemeindehaus. Und komm doch mal einfach mit. Und ich kam in Schönefeld in dieses Gemeindehaus. Da war ein sehr schöner Eingangsbereich. Und da hingen zwei Plakate, also lange Bettlaken, die hingen runter. Und da stand auf der einen Seite: So lebe ich. Und auf der anderen: So will ich leben. Und da war ich damals wie vom Blitz getroffen, weil ich habe zum ersten Male das gelesen, was ich wollte. Und da habe ich gemerkt, ich bin nicht alleine. Und dann bin ich voller Elan in dieses Treffen. Es waren ganz tolle Themen: Themen zur Erziehung querbeet, westliche Themen, Themen, die in der DDR nie angesprochen wurden. Und das hat mich begeistert. Und dann habe ich mitgekriegt: Aha, das ist ne Gruppe. Und die treffen sich jeden Montag in der Nikolaikirche. Und von da ab bin ich dahin gegangen. Das war der Beginn.

Über die Gruppe Frauen für den Frieden und das Verhältnis zu anderen Basisgruppen

Die Gruppe Frauen für den Frieden war immer eine andere Basisgruppe, als die anderen. Der gravierende Unterschied ist gewesen, dass wir zu diesem Zeitpunkt, als ich in die Gruppe kam, alle Mütter waren. Also, wir hatten alle mehr oder weniger kleine Kinder und waren als Gruppe vorsichtiger. Wenn man jetzt

einen Sprung macht und an die Zeit später denkt, 1988/89, die Aktionen zu Leipziger Messe, die Plakataktionen, die Luftballonaktion bei der DoK-Filmwoche, an denen Gesine Oltmanns und Katrin Hattenhauer sehr beteiligt waren. Das waren Aktionen von jungen Gruppen, die nur für sich selbst zu sorgen hatten. Also das waren Menschen, die keine Rücksicht nehmen mussten auf Kinder. Die waren sehr viel wagemutiger. Das habe ich sehr bewundert. Die sind also auch ins Gefängnis gegangen. Und das haben ich und die Gruppe auch wohlwissend immer bedacht, also wie weit gehe ich mit meinen Aktionen. Und ich kann mich erinnern, dass wir – wir waren vielleicht zwischen 10 und 15 Frauen regelmäßig, mal mehr mal weniger – dass die Mehrzahl von uns immer gesagt hat: Wir tun nichts Verbotenes. Wir bewegen uns immer auf dem legalen Weg. Uns kann nichts passieren. Es war ein großer Irrtum. Das wissen wir heute. Aber damals habe ich das felsenfest geglaubt, dass mir überhaupt nichts passieren kann, dass ich nur legale Dinge mache.

Verhältnis der Gruppe zu Kirchenvertretern

Die Zusammensetzung der Gruppe war zu Beginn ganz eindeutig und klar kirchlich. Alle Frauen gehörten einer Kirchgemeinde an. Wir hatten sehr klare Vorstellungen auch vom Leben in Kirchgemeinden. Wir haben sehr regelmäßig Friedensgebete gestaltet und haben zu diesen Friedensgebeten auch immer wieder versucht, Feministische Theologie heranzuziehen. Also alles ein bisschen anders zu machen. Wir haben uns sehr lange und sehr intensiv mit den Bibeltexten auseinandergesetzt. Und wir haben uns natürlich auch mit den Pfarrern, die für die Basisgruppen zuständig waren, teilweise ganz schön gestritten. Also ich kann mich auch an eine Situation erinnern: die Eröffnung der Friedensdekade in der Paul-Gerhard-Kirche in Connewitz. Aus irgend-einem Grund hat die Gruppe Frauen für den Frieden den Eröffnungsgottesdienst bekommen. Im Nachhinein haben die Frauen da auch gesagt: Da haben die Männer nicht aufgepasst. Die haben gefragt, wer würde es machen. Und im Synodalausschuss, in dem wir ja auch vertreten waren, hat dann Ute Kämpf die Hand gehoben und gesagt: Wir. Und da hat keiner widersprochen. Und dann haben wir den Eröffnungsgottesdienst bekommen. Und wir hatten das Thema Maria und Martha und wir haben das sehr nach unserem Bewusstsein ausgelegt. Da fragten sich natürlich Pfarrer Magirius und Pfarrer Führer: Was machen die denn da? Und das ist so ein großer Gottes-dienst und da muss man ja doch noch mal draufgucken. Und ich glaube, also in meiner Erinnerung ist es so, dass die beiden dann den Christoph Wonneberger losgeschickt haben, der für die Basis-gruppen Verantwortung trug. Und der sollte da mal gucken, was wir da für einen Gottesdienst überhaupt vorbereiten. Und der kam dann und wollte unbedingt, dass so bestimmte Bausteine halt eingebaut werden. Und ich kann mich erinnern, am Anfang ging das alles noch. Aber dann spitzte sich die Situation zu und wir haben dann gesagt: Also entweder wir machen unseren Gottesdienst, oder wir machen gar keinen Gottesdienst. Da musste gucken, wer dir den Gottesdienst macht. Und Christoph Wonneberger war da auch schon mutig und er hat dann gesagt: Dann macht den so, wie ihr wollt. Und wir haben den Gottesdienst so gemacht, wie wir wollten. Wir waren in der Kirche nicht gefährlich aufmüpfig, aber wir haben das eben ein bisschen anders gemacht.

Die Bildungsarbeit der Gruppe Frauen für den Frieden

Wir haben dann angefangen, das war aber auch im Kontext der großen, DDR-weiten Frauentreffen, dass wir uns die DDR-Schulbücher genauer angesehen haben. Also wir haben das dann wirklich auseinander genommen. Wie ist ein Mathematikbuch aufgebaut? Es ging da ja auch um Panzer, um Krieg, um Kriegs-spielzeug. Diese ganzen Sachen, da haben wir uns sehr mit beschäftigt, sehr inten-siv. Und das Fass zum Überlaufen kam wirklich mit dem Wehrkundeunterricht. Wir haben angefangen, Elternabende vorzubereiten. Wir hatten ein Anspiel, also ein kurzes Theaterstück: Familie sitzt am Abendbrottisch; Vater, Mutter, zwei Kinder unterhalten sich über Schule. Und nach diesem Anspiel kamen Gespräch und Diskussion mit der Gemeinde und als drit-ten Punkt hatten wir eine Bibliographie zusammengestellt: friedensfördernde Kinderliteratur. Also Kinderbücher, die in der DDR verlegt werden, die man kaufen konnte, die Kinder zum Frieden erziehen. Und wir sind mit diesem Elternabend, ich glaube über ein Jahr, durch ganz Leipzig und Umgebung getingelt. Wir hatten mehrere Elternabende in einem Monat und wirklich zum Teil sehr, sehr volle Räume, weil diese Gefährdung mit dem Wehrkundeunterricht, das hat natürlich auch Eltern interessiert, die der Kirche nicht so nahe standen, aber die dann auch gekommen sind. Das sprach sich herum, das war richtig ein Renner.

Über Wonneberger, Magirius und Streit um die Politisierung des Friedensgebetes

Jetzt, 25 Jahre danach – oder noch mehr – gibt es ja immer noch diese Lager. Leipzig ist ja auch so ein bisschen bekannt für diese Lager. Ich teile das so nicht. Christoph Wonneberger ist ein jüngerer Pfarrer gewesen, der sehr beeindruckend auf den Punkt Sachen formulieren konnte. Also das ist schon sehr, sehr beeindruckend gewesen. Er ist ein Intellektueller durch und durch. Er war auf jeden Fall in einer Kirchgemeinde – er war ja in Lukas, also im Leipziger Osten – die ein bisschen ab vom Schuss war, die nicht so interessant war, die nicht so prädestiniert war. In der Hierarchie, auch wenn das die Kirchenleute nicht so gerne hören, stand er niedriger. Und er hatte vielleicht auch nicht ganz so viel Verantwortung. Während Magirius sicherlich viele Dinge im Blick behalten musste, Vieles abwägen musste: Wie weit gehe ich jetzt? Und natürlich ist es auch ein Generationenkonflikt gewesen. Magirius war eine ganze Ecke älter. Und mit dem Alter verliert man das Rebellische. Im Nachhinein denke ich, das war eine große Chance, dass die so verschieden waren.

Also ich bin da im Frieden, mit allen, die da Verantwortung hatten. Ich bin froh und dankbar, dass wir in der Nikolaikirche sein konnten, dass wir so zusagen hier unseren Ort hatten. Und ich bin auch dankbar, das war uns immer wichtig: Unter dem Dach der Kirche zu bleiben und nicht Freiwild zu

werden. Das war ein ganz, ganz wichtiger Punkt. Denn wir haben uns immer gesagt: Wenn was passiert, dann haben wir immer noch den Schutz der Kirche und das war damals ein sehr, sehr wichtiger Faktor.

1989 – Die Stimmung vor der Kirche

Ich kann mich noch an ein Friedensgebet noch vor dem 9. Oktober erinnern. Da traf ich hier unten eine Freundin, also auch von den Frauen für den Frieden. Und wir standen da und dann kam Monika Führer plötzlich über den Platz und sagte: Mädchen, ihr könnt doch nicht hier unten stehen bleiben! Seht ihr denn nicht, was hier los ist? Die spinnen ja, die haben ja überall Polizei. Die Bereitschaftspolizei stand überall mit allem, mit Helmen, was man kennt. Mit Knüppeln. Und dann hat sie uns mitgenommen. Führers wohnten gegenüber. Und wir sind zu Führers hoch in die Wohnung gegangen. Und wir haben zum ersten Mal die Situation von oben gesehen. Das war für mich auch ein absolutes Erlebnis. Man konnte in die Seitenstraßen hineinsehen. Man sah die LKW, die zur Zuführung bereitstanden. Man sah die Polizisten, die da standen. Man sah die Staatssicherheitsleute. Man sah, dass immer mehr Menschen vor die Kirche kamen. Also nicht zum Haupteingang, sondern zum Seiteneingang. Der Platz war voller Menschen und die warteten draußen, dass die von drinnen rauskommen. Das war ganz merkwürdig: Man wartete auf Irgendwas. Man konnte aber auch nicht sagen, worauf man wartet. Und irgendwann gingen die ersten los, hakten sich ein und gingen in Richtung Bahnhof. Und ich kann mich daran erinnern, als ich dann dabei war, dass unten die Polizeiketten standen, die dann dicht gemacht haben und man kam dann nicht mehr weiter. Und wie das dann so ist, ich bin nicht sehr groß und wenn man in so einem dichten Pulk ist und wenn die Menschen dann sehr viel Angst haben, geht man ganz eng. Also man geht nicht frei, man geht nicht spazieren, sondern man geht ganz eng. Also man lässt ganz wenig Zwischenräume. Und ich stand plötzlich vor so einer Polizeikette. Und da war dort so ein Oberst, der dann immer gesagt hat: Bürger, räumen sie diesen Platz! Das Volk der DDR wünscht solche Aufläufe nicht. Und dann wurde diskutiert und wir sollten weggehen und standen eingehakt und irgendwann hat irgendjemand gesagt: Wir sind das Volk! Und aus solchen Situationen heraus ist dieser Ruf entstanden: Wir sind das Volk! Also vorher rief man immer Gorbi, Gorbi, dann wurde immer wieder versucht, die Internationale zu singen und an dieser Kette, wo man vor den Polizisten stand und es war eine Diskussion. Und aus dieser Diskussion entstand dieser Ruf. Die Demonstranten sind alle sehr ruhig geblieben und wir sind von da aus irgendwie wieder zurück in Richtung Innenstadt und sind dann jedes Mal immer weiter gekommen.

ICH BIN DA IMMER VÖLLIG ANDERS RANGEGANGEN

Christoph Wonneberger

Bevor Pfarrer Christoph Wonneberger (*1944) im Frühjahr 1985 an die Lukaskirche nach Leipzig kam, war er an der Weinbergskirche in Dresden tätig. Dort stieß er 1980 die Initiative für einen Sozialen Friedensdienst, einen zivilen Ersatzdienst für Kriegsdienstverweigerer, an. Dazu sollte ein regelmäßiges Friedensgebet als Kommunikationsort zur Vernetzung und Entwicklung der einzelnen Initiativgruppen eingerichtet werden. Im April 1982 fand das erste Friedensgebet dieser Art in der zentral gelegenen Dreikönigskirche statt, später musste es aber wieder aufgegeben werden. Da Wonneberger auch Gruppen in anderen Städten zu derartigen Friedensgebeten ermunterte, sieht er die Initiativarbeit des Sozialen Friedensdienstes als den eigentlichen Ursprung der Friedensgebete an St. Nikolai. Als ihm 1986 in Leipzig deren Koordinierung übertragen wurde, ließ er sein Konzept aus der Dresdner Zeit aufleben. Indessen hatte er zahlreiche Kontakte zur alternativen Szene geknüpft und die Türen der Lukaskirche für zahlreiche kritische Veranstaltungen geöffnet. Auseinandersetzungen mit Kirchenvertretern, darunter Superintendent Friedrich Magirius, blieben nicht aus. Als Wonneberger während eines Friedensgebetes am 27. Juni 1988 spontan einer Geldsammlung zugunsten des verurteilen Oppositionellen Jürgen Tallig zustimmte, folgte der Eklat und er wurde von seiner Aufgabe als Koordinator entbunden. Dennoch beteiligte er sich weiter am Geschehen in der Nikolaikirche und gilt bis heute als wichtiger, wenn auch umstrittener Akteur der Gebete und der Friedlichen Revolution. Aufgrund eines Schlaganfalls im November 1989 musste er sein Amt vorzeitig aufgeben.

Heute ist er noch immer aktiv im Sinne der Grundsätze: Frieden, Gerechtigkeit und Bewahrung der Schöpfung.

Die Wirkungszeit in Dresden und die Friedensgebete an der Nikolaikirche

Das Friedensgebet als liturgische Einrichtung war besonders typisch für die Friedensdekaden seit 1980. Parallel zu dem, was die evangelischen Kirchen gemacht haben, habe ich dann 1980 diese Idee gehabt, mit dem Sozialen Friedensdienst. In einigen Städten gab es bereits Gruppen für den Sozialen Friedensdienst. Einige Male sind Delegierte in Dresden gewesen und wir haben verabredet, wie wir weiter arbeiten wollen. Das war im Herbst 1981. Aus dieser Arbeitsgruppe haben wir Ideen entwickelt, zum Beispiel symbolischen

Aktionen, bei denen man in Einsätzen den Inhalt vom Sozialen Friedensdienst vorlebt. Wir wollten aber auch eine Möglichkeit finden, um uns regelmäßig treffen zu können. Die Idee hatte ich, das „Friedensgebet" zu nennen, also eine Form finden, wo wir uns jede Woche treffen. Wir konnten ja keine Zeitschriften drucken oder Büros eröffnen, wir brauchten eine Organisationsform, um mobil zu bleiben, damit das eine gemeinsame Aktion von Gruppen wird und dass daraus eine Struktur entsteht in der ganzen DDR.

Das war also mehr, es war nicht einfach angedockt an die Friedensdekade, sondern es war eine ganz eigene Aktivität. Und ich habe das dann einfach auch Friedensgebet genannt, damit man nicht einen neuen Begriff dafür finden muss. Die anderen werden schon merken, dass das etwas anderes ist, mehr als nur ein Gebet. Und das haben wir praktisch im Frühjahr 1982 in Dresden angefangen, mit fünf Friedensgruppen, die das regelmäßig gestaltet haben. Und nicht, ich, als Pfarrer! Ich hatte dabei schon im Hinterkopf, es gab so etwas schon mal, und zwar 1968 das Politische Nachtgebet in Köln. Ich habe das aber nicht so genannt, es musste etwas Eigenes sein. Und damals waren in Dresden Delegierte aus Rostock, aus Berlin und eben auch aus Leipzig mit dabei. Und auch die haben den Namen mitentschieden: Friedensgebet.

Koordinierung der Friedensgebete an der Leipziger Nikolaikirche ab 1986

Ich bin 1985 nach Leipzig gekommen und Superintendent Magirius hatte mich da gleich gefragt, ob ich die Koordinierung übernehmen könnte, weil er wusste, dass ich das in Dresden gemacht hatte. Anfangs hatte ich aber noch keine Zeit, ich hatte ja noch nicht einmal eine richtige Pfarrwohnung in Volkmarsdorf. Später, als ich dann Luft hatte, übernahm ich die Aufgabe. Ich habe dann Plakate angefertigt im Schwarzdruck, die habe ich verteilt, damit sie merken: Jetzt geht es neu los. Viele wussten noch gar nicht, dass es sowas in Leipzig gab.

Ich habe ganz neue Gruppen dazu gefunden, habe überall Ausschau gehalten. Die habe ich auch zu mir eingeladen in die Lukaskirche und besprochen, wie wir das angehen können. Das war schon dieselbe Vorstellung, wie wir das angefangen haben, 1982 in Dresden. Und deswegen gab es auch ständig Auseinandersetzungen, weil die Vorstellungen von Friedrich

Magirius und Pfarrer Christian Führer ganz anders waren. Meine Vorgehensweise war ihnen völlig fremd an manchen Stellen.

Eine unangemeldete Kollekte im Friedensgebet und die Folgen

Das hing so zusammen: Die Initiativgruppe Leben war an diesem Tag zuständig für die Gestaltung des Friedensgebts. Sie baten mich, es als Pfarrer zu leiten. Sie wollten gern einen Pfarrer dabei haben. Und da habe ich das einfach entschieden, mit dieser Sammlung, dass man erklären muss, warum und dass es eben nötig ist. Manfred Wugk, der Stellvertreter von Superintendent Magirius, hat dagegen Einspruch erhoben. Und da habe ich gesagt: Entschuldigung, ich bin der Leiter. Das war dann zu viel, in der Öffentlichkeit, am Mikrofon zu erklären: Ich lasse mir hier nichts sagen. Formell ist das völlig klar, er war ja nicht mein Vorgesetzter.

Naja, und das hat dann dazu geführt, dass Magirius gesagt hat: Wir müssen etwas finden. Und daher hatte er das dann auch ganz komisch ausgedrückt, in seinem Brief, der dann kam. Der kam auch nicht mit der Post, sondern ein Bote hat mir den in den Briefkasten gesteckt. Und das war drei Tage, bevor wir das nächste Friedensgebet geplant hatten. Das hatten wir schon lange geplant. Und drei Tage vorher wird uns das mitgeteilt. Nicht persönlich, sondern mit einem Brief. Während der ganzen Sommerpause wurde das Problem nicht besprochen und kurz bevor es weiterging mit den Friedensgebeten, war der Brief plötzlich da. Insofern haben da natürlich alle gekocht, auch die Gruppen. Das war kein guter Weg, diesen Konflikt so zu lösen.

Später, vom Frühjahr bis Herbst 1989, wurde dieser Kompromiss jede Woche neu ausgehandelt, je nachdem, wer das Friedensgebet gerade gemacht hat. Bei manchen gab es kein Problem, die waren alle brav und andere haben sich dem widersetzt. Das war wie ein Tauziehen. Ich war dabei natürlich auch ein Faktor und Magirius, einer weiterer war Führer und dann die Gruppen – ganz verschiedene Akteure, die da mitgezogen haben. Es gab da sozusagen den Versuch, eine Vorzensur der Manuskripte zu erteilen, was durfte gesagt werden und was nicht. Manchen habe ich dann gesagt: Gebt das Manuskript nicht ab, macht es live, als wäre es euch gerade eingefallen.

Gründe für Einwände seitens anderer Kirchenvertreter

Ich denke, das war sehr unterschiedlich. Das eine waren theologische Bedenken, es gab auch ganz persönliche Bedenken, also von Stil und Wortwahl, und auch politische Bedenken. Obwohl, so richtige politische Bedenken waren das oft auch nicht, eher so spontane Empfindungen, dass jemand sagt: Ah, das geht mir jetzt zu weit. Manchmal hat auch schon ein Stichwort gereicht und einer hat Rot gesehen. Jeder hat da so seine Skala, auf der er plötzlich in den roten Bereich kommt. Und ich bin immer völlig anders rangegangen. Ich habe immer gesagt: Lasst eine Gruppe ihre Sache machen und danach wird ein Feedback gegeben. Aber vorher müssen die das erst mal machen dürfen. Natürlich gab es auch Ängste. Und natürlich gab es auch Druck auf die Kirchenleitung und dann auch von der Kirchenleitung. Auch ich war mit der Kirchenleitung ständig im Gespräch, wenn auch oft in Ausauseinandersetzung. Manchmal war Magirius für mich voreilig und abwehrend, während ich gesagt habe: Wir müssen es drauf ankommen lassen.

Friedensgebete im Herbst 1989 – Selig sind die sanft Mutigen

Ab dem 4. September 1989 war die Sorge bei vielen schon da auf der Straße. Da hat die Polizei ja versucht, dass auf die andere Seite zu bewegen, dass die Leute Angst kriegen, dass sie sich zurücknehmen. Und andere waren aber auch entschlossen, wegzugehen. Da gab es Auseinandersetzungen bei so kleinen Demos auf der Straße mit Ausreisewilligen, dann am 18. September 1989, hat die Polizei dann richtig zugeschlagen, Leute abtransportiert, Leute inhaftiert, ne ganze Reihe. Auch einige von uns, aber andere auch. Da lag das Thema Gewalt eben auf der Straße und das fühlte ich als Herausforderung wirklich. Insofern war es wichtig, den Leuten zuzusprechen, dass sie den Mut trotzdem nicht verlieren, dass sie stattdessen Mut fassen. Das war für mich dran, sozusagen. Da habe ich extra ein Friedensgebet zu diesem Thema gehalten. Das war für mich eine tolle Erfahrung, weil es auch ein Stück weit gelungen ist. Sowohl in der Veranstaltung selber und dann auch manifest auf der Straße.

AUTORENVERZEICHNIS

Matthias Hinkel
Industriekaufmann, in den 1980er Jahren Kontakte zur Kunst- und Oppositionsszene, Beteiligung an der Veröffentlichung von Samisdat-Zeitschriften, lebt in Leipzig

Matthias Kämpf
Straßenbautechniker, Berufskraftfahrer mit Abitur, Bausoldat,
Mitarbeit bei der langen Nacht für den Frieden in der Nikolaikirche zu Leipzig, Mitglied der Kirchgemeinde St. Nikolai, aktiv in der Opposition- und Friedensszene, lebt in Bad Düben

Prof. Dr. Armin Kohnle
Lehrstuhl für Spätmittelalter, Reformation und territoriale Kirchengeschichte an der Theologischen Fakultät der Universität Leipzig

Stefan Oehme
Museologe (BA), arbeitet in Leipzig

Prof. Dipl.Ing. Ronald Scherzer-Heidenberger, Regierungsbaumeister
Professur für Regionalplanung und Städtebau an der Hochschule für Technik, Wirtschaft und Kultur (HTWK) Leipzig,
Architekturbüro scherzer architekten partnerschaft nürnberg/leipzig,
Sachverständiger Bürger im Ausschuss für Stadtentwicklung und Bau der Stadt Leipzig,
Systemischer Berater und Mediator in Planungsverfahren

Michael W. Schönemann
Diplom-Soziologe, Leipzig, Mitglied des Kirchenvorstands St. Nikolai, Vorstandsmitglied des Vereins zur Förderung der Nikolaikirche Leipzig e.V.

Prof. Dr. Rainer Vor
Professur für Rechtswissenschaft an der Hochschule für Technik, Wirtschaft und Kultur (HTWK) Leipzig, Vorstandsvorsitzender der Stiftung Friedliche Revolution, Vorstandsvorsitzender des Vereins zur Förderung der Nikolaikirche Leipzig e.V.

Volker Wiesner
freieruflicher Restaurator für Wandmalerei und Architekturfassung,
Mitglied im Verband der Restauratoren e.V. und im Bund bildender Künstler Leipzig e.V.

ABBILDUNGSVERZEICHNIS

Umschlagseite vorn – Foto Juliane Müller

Seite 2–13 – Fotos Andreas H. Birkigt

Seite 17–25 – Fotos Volker Wiesner, Archiv St. Nikolai

Seite 26–27 – Foto Ronald Scherzer-Heidenberger, Privatbesitz

Seite 28–33 – Fotos Andreas H. Birkigt

Seite 34–35 – Foto Punctum / Peter Franke

Seite 36 – Foto Frank Selentin, Archiv Bürgerbewegung Leipzig, Foto 003-017-013

Seite 37 – Foto Angelika Pohler

Seite 38 – Archiv St. Nikolai

Seite 39 – Nachlass Christian Führer, Stiftung Friedliche Revolution Leipzig

Seite 40 – Archiv Bürgerbewegung Leipzig, Leihgabe

Seite 41 – Norbert Buhl, Privatbesitz

Seite 42–43 – Foto Peter Koard, Bundesarchiv, Bild 183-T0306-026

Seite 44 – o.: Foto Ralf Vogel, Thüringer Archiv für Zeitgeschichte, ThuerAZ-F-VR-001.01;
u.: Foto Evangelischer Pressedienst, Redaktion, epd 00318101

Seite 45 – Archiv Bürgerbewegung Leipzig

Seite 46 – Foto Christoph Motzer, Archiv Bürgerbewegung Leipzig, Foto 061-008-001

Seite 47 – Foto Uwe Gerig, Deutsche Fotothek, 0009393

Seite 49 – Archiv St. Nikolai

Seite 50 – Archiv Bürgerbewegung Leipzig, Leihgabe

Seite 51 – o.: Foto Manfred Ulmer, Archiv Bürgerbewegung Leipzig, Foto 061-009-023;
u.: Foto Manfred Krause, Thüringer Archiv für Zeitgeschichte, ThuerAZ-P-KM-F-002.04

Seite 52 – Matthias Hinkel, Leihgabe

Seite 53 – Archiv St. Nikolai

Seite 54 – o.: Foto Carolin Schweigel; u.: Foto Andreas H. Birkigt

Seite 55 – Archiv St. Nikolai

Seite 56 – Nachlass Christian Führer, Stiftung Friedliche Revolution Leipzig

Seite 57–59 – Archiv St. Nikolai

Seite 60 – Archiv Bürgerbewegung Leipzig, Leihgabe

Seite 61 – Foto Christoph Motzer, Archiv Bürgerbewegung Leipzig, Foto 061-004-011

Seite 62 – Foto Rainer Kühn, Archiv Bürgerbewegung Leipzig, Foto 013-002-027

Seite 63 – Ökumenisches Informationszentrum Dresden

Seite 64–65 – Foto Martin Jehnichen, Archiv Bürgerbewegung Leipzig, Foto 021-006-033

Seite 66–72 – Archiv St. Nikolai

Seite 73 – Foto Christoph Motzer, Archiv Bürgerbewegung Leipzig, Foto 061-014-001

Seite 74–75 – Archiv St. Nikolai

Seite 76 – Foto Armin Wiech, Archiv Bürgerbewegung Leipzig, Foto 015-006-049

Seite 78–79 – Archiv St. Nikolai

Seite 80 – o.: Foto Armin Wiech, Archiv Bürgerbewegung Leipzig, Foto 015-006-147;
u.: Foto Armin Wiech, Archiv Bürgerbewegung Leipzig, Foto 015-006-155

Seite 81 – Archiv St. Nikolai

Seite 82 – o.: Foto Frank Sellentin, Archiv Bürgerbewegung Leipzig, Foto 003-001-016;
u.: Foto Armin Wiech, Archiv Bürgerbewegung Leipzig, Foto 015-006-244c

Seite 83 – l.: Foto Frank Sellentin, Archiv Bürgerbewegung Leipzig, Foto 003-001-001;
o. r.: Foto Martin Jehnichen, Archiv Bürgerbewegung Leipzig, Foto 021-006-042;
u. r.: Foto Martin Jehnichen, Archiv Bürgerbewegung Leipzig, Foto 021-004-008

Seite 84–85 – Archiv St. Nikolai

Seite 86 – Foto Heinz Löster

Seite 87 – o.: Archiv St. Nikolai; u.: Foto Andreas H. Birkigt

Seite 88–89 – Archiv St. Nikolai

Seite 90–91 – Norbert Buhl, Privatbesitz

Seite 92 – Foto Bernd Heinze, Archiv Bürgerbewegung Leipzig, Foto 006-007-039

Seite 93 – Foto Volkmar Heinz

Seite 94–95 – Collage Pascal Neyer · Grafikdesign, Archiv St. Nikolai

Seite 96 – Nachlass Christian Führer, Stiftung Friedliche Revolution Leipzig

Seite 97 – Foto Andreas H. Birkigt

Seite 98 – Foto Volkmar Heinz

Seite 99 – Archiv St. Nikolai

Seite 102–103 – Foto Andreas H. Birkigt

Seite 105, 109, 111, 113, 117, 119, 123, 127, 131, 133, 137 – Fotos Uwe Willmann

Seite 143 – Privatbesitz Christoph Wonneberger

Seite 150–151, Umschlagseite hinten – Foto Andreas H. Birkigt

DANKSAGUNG

SANIERUNG, RESTAURIERUNG UND AUSSTELLUNG WURDEN

gefördert durch:
Bundesmittel aus dem Denkmalpflegeprogramm des Beauftragten der Bundesregierung für Kultur und Medien (BKM)
Zuwendungen für die Erhaltung und Pflege eines Kulturdenkmales aus Denkmalpflegemitteln des Landes Sachsen
Stadt Leipzig
Evangelisch-Lutherische Landeskirche Sachsen

unterstützt durch:
Dr. Thomas Feist, MdB
Verein zur Förderung der Nikolaikirche e. V.
Firma Eberhard Wiedenmann, Leipzig

fachlich begleitet durch:
Landesamt für Denkmalpflege Sachsen, Dr. Alberto Schwarz
Amt für Bauordnung und Denkmalpflege Leipzig, Ralph von Rauchhaupt und Jens Müller
Evangelisch-Lutherisches Regionalkirchenamt, Baupfleger Jens-Peter Mader,
Ingenieurbüro Ritter Müller (IBR) Leipzig, Bauleiter Matthias Ritter-Müller
Scherzer Architekten Partnerschaft Nürnberg/Leipzig, Architekt Prof. Ronald Scherzer-Heidenberger
Institut für Diagnostik und Konservierung an Denkmalen in Sachsen und Sachsen Anhalt e. V., Matthias Zötzl
Volker Wiesner, Restaurator für Wandmalerei und Architekturfassung

ausführende Firmen waren:
Bernstein Haustechnik GmbH Leipzig, Heizung
Martin Grünert, Einbauschrank, Ausstellungsmöbel
Elektro-Nerlich GmbH Leipzig, Elektrik
Estrich Stein GmbH Bennewitz, Estrich
Glaskunst Buhlig Schwarzenberg/Erzgebirge, Bleiverglasung
JaBo-Bau GmbH Leipzig, Maurer- und Putzarbeiten
LANS GmbH Leipzig, Ausstellungsaufhängungen
Constantin Lindner, Leipzig, Einbauschrank, Ausstellungsmöbel
Natursteinwerk H.C.Haas Krostitz, Sandstein
RIDI Leuchten GmbH Jungingen, Leuchte
Sprint Sanierung GmbH Leipzig, Fußbodendämmung
Tischlerei Helmut Heidrich Markranstädt, Holzrestaurierung
TZP Leipzig mbH, Heizungsplanung
Volker Wiesner Leipzig, Restaurierung

IG SIND, DIE DA HUNGERT UND DÜRSTET NACH GERECHTIGKEIT, DIE BARMHERZIGEN
NFTMÜTIGEN; DENN SIE WERDEN DAS ERDREICH BESITZEN. SELIG SIND, DIE REINEN H
TTES KINDER HEISSEN. SELIG SIND, DIE UM DER GERECHTIGKEIT WILLEN VERFOLGT V

SIND DAS VOLK! / KEINE GEWALT! / OFFEN FÜR ALLE! / FÜR EIN OFFENES LAND MIT F
! / OFFEN FÜR ALLE! / FÜR EIN OFFENES LAND MIT FREIEN MENSCHEN! WIR SIND DA
N! / WIR SIND DAS VOLK! / KEINE GEWALT! / OFFEN FÜR ALLE! / WIR SIND DAS VOLK